平民主义与教育

Democracy and Education

［美］杜威 讲述

常道直 编译　杨来恩 校订

图书在版编目（CIP）数据

平民主义与教育/（美）杜威讲述；常道直编译.
—2版.—福州：福建教育出版社，2024.1
ISBN 978-7-5334-9781-1

Ⅰ.①平… Ⅱ.①杜… ②常… Ⅲ.①杜威（Dewey, John 1859-1952）—实用主义教育思想 Ⅳ.①G40-06

中国国家版本馆 CIP 数据核字（2023）第 248659 号

Pingmin Zhuyi Yu Jiaoyu

平民主义与教育

［美］杜威　讲述

常道直　编译　杨来恩　校订

出版发行	福建教育出版社
	（福州市梦山路 27 号　邮编：350001　网址：www.fep.com.cn）
	编辑部电话：0591-83779615　83726908
	发行部电话：0591-83721876　87115073　010-62024258）
出 版 人	江金辉
印　　刷	福建省地质印刷厂
	（福州市金山工业区　邮编：350011）
开　　本	710 毫米×1000 毫米　1/16
印　　张	16.25
字　　数	234 千字
插　　页	1
版　　次	2024 年 1 月第 2 版　2024 年 1 月第 1 次印刷
书　　号	ISBN 978-7-5334-9781-1
定　　价	39.00 元

如发现本书印装质量问题，请向本社出版科（电话：0591-83726019）调换。

约翰·杜威（1859—1952）

常道直，摄于 1922 年

1921年杜威离华前与常道直等人的合影

前言

《平民主义与教育》授课编译本的说明

Democracy and Education（现一般译成《民主主义与教育》）一书作为美国著名哲学家、教育家、心理学家约翰·杜威（1859—1952）最有影响力的著作，与柏拉图的《理想国》、卢梭的《爱弥儿》等一同被教育界誉为不朽之瑰宝。① 在中国，该书也素来为学者们所重视，从其译本数量之多，可见一斑。② 众译本中，常道直编译的《平民主义与教育》，较之邹恩润翻译的《民本主义与教育》、王承绪翻译的《民主主义与教育》，不仅译介时间最早，而且文字简明通俗，兼采杜威课堂讲词及相关著述，要言不烦。可以说，它是了解杜威教育思想的入门读物。诚如常氏自己所言："该书原文颇不易读，杂志中时或见有译出之散章零节，每病文难解，即

---

① 杜威. 民主主义与教育［M］. 北京：人民教育出版社，2001：滕大春序言.

② Democracy and Education 一书最早的译本为常道直先生编译的《平民主义与教育》，该书于1922年9月由商务印书馆出版。1928年3月，商务印书馆出版的《民本主义与教育》，由著名出版家邹恩润（韬奋）翻译，陶行知校订，该译本曾被列为民国大学用书。2013年9月，东方出版社对此译本进行了重版。1989年，台湾学者林宝山也对原著做了翻译，书名为《民主主义与教育》，经五南图书出版公司出版。1990年10月，王承绪先生翻译的《民主主义与教育》，于人民教育出版社出版。该译本自出版后，不仅再版十余次，而且影响甚广，至今作为高校教育学专业学生的必读书目。2012年9月，杜威全集（第九卷）也收录了 Democracy and Education，并由俞吾金、孔慧翻译，华东师范大学出版社出版。2014年5月，中国轻工业出版社出版了陶志琼翻译的《民主主义与教育》。2014年8月，译林出版社出版了台湾翻译家薛绚的译本，书名为《民主与教育》。

此可见。读者若先读此篇，再读原文，当有事半功倍之效。"① 对于教育学专业的学生及广大中小学教师而言，此译本可读性强，为他们理解现代教育理论与实践提供了一把关键的钥匙。

一、常道直、杜威与《平民主义与教育》的编译过程

常道直（1897—1975），字导之，江苏江宁人，现代著名教育学家。幼时受塾师发蒙，1906年起，先后就读于同仁小学、两江师范附属小学、江苏省立一中、江苏法政专门学校、金陵大学（文科）。然"五四运动以来，美国教育哲学泰斗杜威先生来华讲学，一时经由教育以改造社会之声，响彻云霄，一般有志青年多认定教育为救国之唯一途径，而大学教育科系之志愿入学者也就盛极一时"②。在这股大潮流中，常道直决意改习教育。1920年1月，考入北京高师教育研究科，成为该科首届学生。1920年夏—1921年秋，适逢杜威受邀担任北高师教员，为研究科学生讲授论理学、教育哲学课程，并用其著作 Democracy and Education 作为教材。而常道直有心记录下杜威授课前的情形：

> 杜威先生之教授我们的论理课（逻辑课）及教育哲学，每次上堂，都用打字机印好本章所讨论的重要问题以及本章的大纲（Outline），讲演时，即按照大纲讲下去。前后所用的两本书：How We Think、Democracy and Education，都是他自己著作的，但是他还下充分的预备功夫。③

对杜威所讲之内容，常道直做了详细的笔记，经整理、翻译后，逐一发表在北高师平民教育社的杂志《平民教育》上（见表1），以便"使那没

---

① 杜威. 平民主义与教育［M］. 常道直编译，上海：商务印书馆，1922：弁言.
② 常道直. 勖学教育的青年［J］. 读书通讯，1942（45）.
③ 导之. 我们不应当如此吗［N］. 平民教育，1921-02-20（29）.

有机会听讲的人，也如同亲自聆他的言论一样"。①

表1 常道直对杜威主讲 Democracy and Education 的课堂笔记译文一览表

译文名称	期刊	出版时间	期（号）
教育与生活	《平民教育》	1920-12-20	26号
教育与环境	《平民教育》	1921-01-10	27号
教育即生长	《平民教育》	1921-01-25	28号
预备、开展及训练	《平民教育》	1921-02-20	29号
形成、复现回顾及改造	《平民教育》	1921-03-05	30号
教育上之平民主义	《平民教育》	1921-04-01	31号
教育上之平民主义	《平民教育》	1921-04-20	32号
教育上之平民主义（二）	《平民教育》	1921-05-05	33号
教育上之目的	《平民教育》	1921-05-20	34号
教育上之目的——自然发展	《平民教育》	1921-06-05	35号
哲学与教育	《平民教育》	1921-11-10	41-42号合刊

1922年9月，在笔记的基础上，这些星散的文章按照原书章节顺序整理、编订成册，书名定为《平民主义与教育》，经由商务印书馆刊印出版。杜威亲自为此书作序，在序中，他向常道直表示了谢忱："序者欲表示对于常君之谢意，因其费心力将其讲词发表出来并译之成华文，俾多数人得以受其益，并望此讲词能供兹所指出之宗旨之用。"② 同时，杜威还指出，"教育哲学之正当的功用之了解为教育上一要事"，而"教育哲学之实在的价值颇似地图之为用。一张地图并不能为亲身旅行之替代，但实能给旅行者许多助力"③，扼要地阐发了教育哲学对于教育研究者与教育实践者的功用，也准确地点出了《平民主义与教育》一书的价值所在。

在此需加提及的是，在《平民主义与教育》翻译、出版前后，常道直均与杜威保持着频繁的思想交流。除聆听杜威开设的课程外，作为北高师平民教育社《平民教育》杂志的编辑，常道直还经常向杜威夫妇约稿或请

---

① 教育与生活[N]. 平民教育，1920-12-20（26）.
② 杜威. 平民主义与教育[M]. 常道直编译，上海：商务印书馆，1922：弁言.
③ 杜威. 平民主义与教育[M]. 常道直编译，上海：商务印书馆，1922.

教教育问题。受杜威夫妇学说的启迪，他相继发表了《学校之社会的任务》(《平民教育》1920年第24号)、《教育实验之重要》(《平民教育》1921年第31号)、《自动教育略说》(《平民教育》1921年第33号)、《学习与做事》(《平民教育》1921年第34号)、《游戏在教育上之价值》(《平民教育》1921年第35号)、《杜威夫人注意我国女子教育》(《平民教育》1921年第36号)等文章，而这些文章中所阐发"民治国的教育是为全体人民而设的，并非为特种阶级的人民而设的""提倡与注入式教育相对的自动教育""学业与校外活动是连贯一气的""注重个体的创造力与养成个体对于社会兴趣"的教育观点与 Democracy and Education 中所包含的教育意蕴可谓一脉相通。可以说，为译介好《平民主义与教育》，常道直深入、仔细研究了杜威的教育思想，竭力探求杜威教育思想的精微。

出于对杜威学说的笃信，1923年，辞却《教育杂志》编辑职务后，常道直赴任江苏省平民教育促进会干事，与陶行知、徐养秋等人在南京近郊开展与推广民众教育。[①] 1925年，他又考取了江苏省公费留学生，留学哥伦比亚大学，师从杜威。1928年归国后，受杨亮功之邀，前往安徽大学任教务长兼哲教系主任，教授教育哲学。[②] 1932年，调至北高师就任教务主任，主要教授教育哲学及其研究法。[③] 在教授教育哲学课程过程中，他特别注重对杜威教育哲学思想的阐释，并将 Democracy and Education 列为教学参考书目。据常氏后人回忆，直至晚年，常道直依旧坚持研读 Democracy and Education，并作了详细的读书札记，同时将书中的精髓奥妙授之于学生。深圳大学的张法琨教授曾回忆：

"联想起我们的老教育家常道直先生，1960—1963年担任外国教育史研究生班导师期间，孜孜不倦地指导学生对照啃读杜威《民主主义与教育》以及赫尔巴特《普通教育学》的英文本和中文本。选定

[①] 常道直. 干部简历表, 华东师范大学人事处人事档案室.
[②] 杨亮功. 早期三十年的教学生活 五四[M]. 合肥：黄山书社，2008：61.
[③] 许椿生，陈侠，蔡春. 李建勋教育论著选[M]. 北京：人民教育出版社，1993：177.

赫、杜为研究重点，集中讲评对赫、杜教育思想的比较研究及历史地位和深远意义。他从中深刻地揭示和表述存在于教育自身的读书和活动及其结合的教育学说。"①

诚然，杜威与 Democracy and Education 对常道直的影响极深，这种影响不仅局限于学术研究，更在于改变其人生轨迹，使其毕生矢志于中国教育事业。诚如其所言："我对于平民教育之兴趣始终未曾泯灭。"②

二、《平民主义与教育》的内容特色

《平民主义与教育》出版之时，中国尚处于刚刚过去的五四运动的余波之中。"德先生""赛先生"对常道直及其同时代人的精神产生了巨大的影响。值得一提的是，1919年5月，杜威在国人的热望下来华讲学。在中国最初的一系列讲演中，杜氏首先谈到了"平民教育"。③"平民主义"一词顿时见诸各大报刊。编译者所在的北高师，在杜威的影响下也成立了平民主义教育社。尽管如此，时人对"democracy"概念的理解仍存有分歧，从该词的译名可见一斑，如"平民主义""民治主义""民本主义"与"德谟克拉西"，等等。这些译名除了受日本翻译的影响外，也受到当时社会背景的影响，大多数学者在翻译时均附加了个体的主观认识，使之符合政治环境的需要。而"democracy education"的概念，则常常与普及大众的识字教育联系在一起，其时平民主义教育的说法也广为流布，反映了五四时期青年渴望启蒙普通民众的强烈愿望。这也是 Democracy and Education 译为《平民主义与教育》的重要原因之一。

---

① 张法琨. 培根育种互结良缘：基础教育本体改革在急[J]. 华东师范大学学报（教育科学版），2011（2）：8.
② 黄志成，徐梦杰. 道直如弦，矢志教育：中国比较教育先驱常道直先生，师魂[M]. 上海：华东师范大学出版社，2011：558.
③ 川尻文彦. 杜威来华与五四之后的教育界[J]. 社会科学研究，2009（6）：147.

《平民主义与教育》一书共二十八章，开宗明义地阐明要打破之前的阶级教育，实行平民主义的教育，其中涉及了教育的过程与目的、社会与个人、儿童与成人、兴趣与训练、理智与情感、参与与旁观、人生与超越等多个主题。该书旨趣上与原著别无二致，但由于根据杜威的讲稿编译而成，因此部分内容与原著存在稍许差异。（见表2）

表2 《平民主义与教育》、《民本主义与教育》与《民主主义与教育》部分目录对照表①

《平民主义与教育》	《民本主义与教育》	《民主主义与教育》
教育与环境 ［第二章］	教育有社会的作用 ［第二章］ 教育有指导的作用 ［第三章］	教育是社会的职能 ［第二章］ 教育即指导 ［第三章］
教育上之平民主义（一） ［第六章］ 教育上之平民主义（二） ［第七章］	教育上民本主义的观念 ［第七章］	教育中的民主概念 ［第七章］
教育上之思想（一） ［第十四章］ 教育上之思想（二） ［第十五章］	教育里面的思想 ［第十二章］	教育中的思维 ［第十二章］
智能的与实用的学科 ［第二十三章］	理智的科目与实用的科目 ［第二十章］	知识科目和实用科目 ［第二十章］
个人与世界 ［第二十五章］	个人与物界 ［第二十二章］	个人和世界 ［第二十二章］
知识论与道德论 ［第二十八章］	知识论［第二十五章］ 道德论［第二十六章］	认识论［第二十五章］ 道德论［第二十六章］

通过比对三个译本的目录，我们可以发现《平民主义与教育》首先在

---

① 《民本主义与教育》的目录摘自1928年邹恩润（韬奋）的译本、《民主主义与教育》的目录摘自王承绪的译本。这两种译本，均遵照原著翻译，所以在章节数量、名称上，两者保持一致，共计26章。

章的数量上，比其他译本多出两章；其次在章的内容安排上，有些章一分为二，有些章合二为一。产生差异的原因主要有如下三点：其一，《平民主义与教育》作为编译本，容易受到杜威授课过程的影响，如重点章节授课时间愈长，编译内容便愈丰富，而其他译本则不存在此类问题；其二，由于五四运动的冲击，民主与科学已植入时人观念之中，编译者也不例外，比如第六章、第七章"教育上之平民主义"比原著增添了一章，在书中还结合了中国社会、政党的案例；其三，杜威原著较为深奥，不易读懂，为了使广大读者能够清晰地理解杜威的教育思想，编译者参考了《儿童与课程》《经验与思维》《我们如何思维》等著作，其内容也被纳入译本之中。关于此点，常道直在弁言中也作了说明："本篇大体完全照原书次序，原书所包含之原理在本篇中大致已发挥无遗，此外尤特别注意实际方面之问题。……本篇第九章至第十一章论教育之目的，编者以其在教育理论上及实际上甚属重要，爰就杜威博士原意参考所著书其及他名著数种，将原稿约扩充二分之一，但理论上绝无背驰或冲突之处。其他各章亦均有增删之点。"① 由此可见，《平民主义与教育》在内容上与其他译本相比，有其独特的一面。

此外，该译本在某些教育专有名词的翻译上，如 democracy education 译为平民教育（今译民主教育），thinking 译为思想（今译思维），intellectual studies 译为智能的科学（今译理智学科或知识科目）；另有一些名词的翻译，如将园丁译为艺花人、汉语译为华文等等，与时下存在细微差别，但这些译名却或多或少折射出五四运动时期的语言特色。

三、《平民主义与教育》的译本风格

纵观此书，全书最大特点在于脉络清晰，不枝不蔓，兼具专著与教材的优点。具体表现在如下方面：

（一）注重教育研究中核心概念的界定与探讨

---

① 杜威. 平民主义与教育[M]. 常道直编译，上海：商务印书馆，1922：弁言.

偏重于教育概念的分析是这本书的一大特色。杜威在阐述教育学的重要概念和命题时，总是从词语辨析入手。例如，在解释"教育（Education）"一词时，他罗列了与教育最为相关的三组概念：培植（Cultivating）与养育（Nurturing）、兴建（Raising）与教成、造就（Forming）与形成（Shaping），并指出按培植与养育的概念透析教育，"教育即是养育或培植之作用或历程，其目的为养成身体完全发展的个人；按兴建（Raising）与教成的概念解释教育，两者都"含有建造的意思，由下而上，以达到一个最高度。教育即是建造个人的品性或惯性之方法"；按造就（Forming）与形成（Shaping）的概念分析教育，"因儿童的品性原来是无定形的或未制造的，于是教育的作用即是从无定形中给他一个固定的形，以养成个人之确定的品性"。诚然，三组概念内部虽都含有教育的意味，但同时也存在偏颇，比如教育过程不仅要重视身体的养成，还要注重心灵的塑造；又如，教育即生长，故而不存在一个固定的高度。因此，教育本身显然不是这些概念意涵的简单组合，教育一词的多面性、复杂性被挖掘出来，使读者可以较为全面地理解"教育"的真正意涵。又如，对"社会"一词的分析，在英语中，Society 与 Community 均蕴含社会之意，Society 是指普通意义上的社会，而 Community 涵盖的范围较小，如有社区、社团、国家间的共同体、共同责任之意。不仅如此，"社会"一词在"事实上"与"法理上"意义也各不相同，如事实上的意义，主要针对现存社会的状态，而法理上的社会则指的是理想环境中社会的应当具备形态。在书中，著者还结合案例分析教育视角下的社会应符合哪些标准，处于怎样的状态。倘若读者没有相应的背景知识也无妨，在阅读中，这些概念被抽丝剥茧、条分缕析，就像含在嘴里的糖果，逐步被读者融化、吸收。这种分析问题的方式，全书中不知凡几，不仅展现了杜威清晰的逻辑思维、深厚的理论素养，也从侧面体现了他严谨的治学态度。

（二）注意运用举例法解释教育现象与教育问题

杜威的 *Democracy and Education* 一书，对于教育学专业的学生而言，并不易读懂，更遑论普通读者。杜威将之作为北高师研究科学生的教材，注意到了此问题。因此，他在授课时，结合了大量的例子，而这些例子中包括杜威在华各地讲学听闻的最新事件，使得课堂变得生动有趣。无怪乎常道直指出："Democracy and Education 是杜威先生的著作，但是他还下充分的预备功夫。"例如，在分析遗传与环境的关系问题时，杜威提出一个问题：是何原因导致了各民族文明之间的差异？以爱斯基摩人为例：假设居住于寒带的爱斯基摩人家庭中，同时有三个婴儿出生。在他们出生的第一天，即将其中的一个送往中国，另一个送往美国，剩下的一个留在原来的家庭中，然后各自给予当地所能提供的最好的教育。待到他们都长大成人，呆在爱斯基摩人家庭的小孩，其思想、习惯、语言等一定是一个地道的爱斯基摩人；以此类推，呆在美国的像美国人；呆在中国的像中国人。显而易见，导致他们思想、习惯差异如此巨大是环境使然，进而突出了后天因素对人成长之影响。再如，在分析良好社会形态的问题时，著者又以中国的政党为例证，他指出"凡政党皆系一个社会的群体，即由多数个人所组成的强有力的团体固然是合法的，但是实际上每每不能称为良好的社会，因为其目的仅在争攘权力得着官职，好由此去搜罗金钱、贿赂。这样的社会共同的兴趣太少，故不能持久"。著者对当时中国政党状态的描述，是相当贴切的。北洋时代的中国，中央政府成为军阀角逐的对象，国会、政党成为军阀斗法的工具，所谓民国只剩下一个空头招牌。这种社会状态与 Democracy and Education 所描述的不良社会的情状可谓大同小异。这种阐述共性问题与细述个案资料相结合的方式，与学生的实际生活紧密相连，具有启发性、趣味性，此类特点在书中还可列举出若干，读者自可明鉴，在此不加赘述。

（三）条理清晰、要言不烦与图文并茂

《平民主义与教育》在编译过程中，虽参考了原著，但主要是根据著者的授课稿整理而成。这种编译方式具有教材的特点：其一，章节的条理、层次特别清晰，以教育中的民主概念一章为例，原著中只有"人类联合的涵义""民主的理想""柏拉图的教育哲学""18 世纪的个人主义的理想""国家的教育与社会的教育"五节，而该译本依次为"社会之法理上意义与事实上意义""判别良社会与恶社会之标准""判别平民主义的社会之标准""社会存立之原因""个人与社会之关系""社会进步之条件""教育上对于平民主义之贡献""平民主义的社会略说""狭义的平民主义""广义的平民主义""柏拉图主义""个人主义""国家主义"。与原著相比，这章不仅一分为二，突出了民主社会在书中的重要地位，而且以概念为抓手，步步深入，彰显出教材循序渐进的特点与规律。其二，设有帮助学生（读者）加深理解课程的辅助性内容（事例、资料、图片），除了前文提及的书中举了大量例子外，同时也配置了插图，使学生（读者）对所学知识有更为清晰、系统的理解。其三，语言文字简明朴实、不深奥晦涩。原著的哲学意味浓郁，言语艰深，然作为授课教材，则经过了口语化方式的转化。值得指出的是，常道直幼时在私塾发蒙，在家中父亲常子瞻亦亲自传授儒家经典，使其奠定了扎实的国文基础，而在著名教会学校金陵大学，他又受到良好的英文训练。雄厚的中英文语言功底，使其译文简明畅达；加之他深受白话文运动的影响，使得译文又兼具通俗易懂的优点。

不可否认，此书也存在诸多不足之处。其一，该书由杜威授课笔记编订而成，与原著相比：虽有作为教材通俗易懂的优点，同时也展露了教育理论性不强之缺点，对于杜威教育思想的研究者而言，这只是本入门读物，倘若要进一步探究杜氏思想之精微，还须仔细研读原著；其二，课堂中所记笔记，尽管编译者一丝不苟，但难免存在诸多罅漏，如书中译名出现了前后不一致的现象，Johann Friedrich Herbart（1776—1841），有的地方译为赫尔巴特，有的地方译为赫尔巴脱，福禄贝尔、黑格尔的译名也存在类似的问题；其三，书中不少章节，编译者按照中国教育的实际情况，对原著内容进行了删减；此外，对满洲问题、山东问题的翻译，难免加入个人的主观色彩。然瑕不掩瑜，该编译本仍以体系严整、简明达意著称。

1922年该书甫一发行，报章纷传，闻者争购，颇为时论所重。[①] 固然

[①] 《教育丛刊》（1922年 第3卷第1期，第25—34页）、《金山县教育月刊》（1923年 第1卷第4期，第32页）、《学生杂志》（1923年 第10卷第1期，第248页）、《中华基督教教育季刊》（1926年 第2卷第2期，第99页）等杂志在书报介绍栏目均对《平民主义与教育》进行了推介。此外，根据对常道直后人常纯哲（幼子）、常国武（侄儿）等人的访谈，他们提及译本在当时十分畅销，1925—1928年，常道直留学英美等国，其部分费用便来自《平民主义与教育》出版后所挣得的版税。

由于杜威声望之隆①，也与常道直译笔之精、会意之深密不可分。

四、《平民主义与教育》的校订说明

为方便广大读者阅读，本书根据对原书的标点、错字、漏字、译名等方面进行了校订。具体整理工作如次：

（一）标点

全书用现代标点标出。原著标点与现代标点不符的，加以修订，如原书中存在不使用顿号的情况，如风俗、习惯、观念、态度等，用顿号隔开；又如，原文中以波浪线表示书名号，现用《》代替；此外，原文中断句不符合现代汉语语法习惯，也加以调整或更正。

（二）勘误

某些词语的使用不符合现代汉语使用习惯的，予以修订，如原书中的"钜资"现改为"巨资"，"印像"现改为"印象"。某些词语由于排版错误，也予以更正，如原书中"感竟"现改为"感觉"，"学较"改为"学校"。

（三）译名

原著外国人名、地名等，与今通译有异的，在注释中注明今译，如"赫尔巴脱氏"为"赫尔巴特"，"佛贝尔氏"为"福禄贝尔"。而如"艺花人""华文""上智者"等具有时代特点的名词，予以保留。

最后，感谢成知辛主任的大力支持，《平民主义与教育》一书才得以重版，也感谢他的信任，为我提供此次学习与编辑工作的机会。在校订过程中，我得到了黄书光老师、王占魁老师、陈少卿、李学良、樊洁等师友

---

① 梁启超曾将杜威来华讲学的影响与千余年前印度学者鸠摩罗什对中国的影响相比较。（胡适. 胡适日记全编三（1919－1922）［M］. 合肥：安徽教育出版社，2001：342.）胡适也指出："自从中国与西洋文化接触以来，没有一个外国学者在中国思想界的影响有杜威先生这样大的。"（胡适. 胡适自选集［M］. 合肥：安徽人民出版社，2013：10.）可见，杜威中国的声望相当高。

的关心与协助,在此,一并对他们表示感谢。由于学识粗浅,校对之中定会出现不少讹脱,但祈读者不吝批评。

杨来恩

2015 年 11 月于华东师范大学

目　录

Introduction ·· 1
杜威博士序（译文）·· 1
弁言 ··· 1

第一章　教育与生活

一、广义的教育 ··· 1
二、本能与学习 ··· 2
三、教育上之三种基本科学 ·· 3
四、遗传与环境 ··· 4
五、教育历程之进行 ·· 5

第二章　教育与环境

一、教育上字义之解释 ··· 8
二、环境之性质 ··· 9
三、环境之作用 ·· 10
四、学习程序上之三阶级 ·· 11
五、教育与环境适应 ··· 12
六、教育与训练 ·· 13
七、物质的环境与社会的环境 ··· 14

1

第三章 教育即生长

一、生长之两种观念 …………………………………… 16
二、生长之特质 ………………………………………… 18
三、教育上之应用 ……………………………………… 19
四、习惯之性质与要素 ………………………………… 21
五、通常教育上对于习惯之谬见 ……………………… 22

第四章 教育主义之批评（一）

一、总说 ………………………………………………… 24
二、预备说 ……………………………………………… 24
三、开展说 ……………………………………………… 26
四、形式训练说 ………………………………………… 28

第五章 教育主义之批评（二）

一、形成说 ……………………………………………… 32
二、复现与回顾说 ……………………………………… 36
三、改造说 ……………………………………………… 37

第六章 教育上之平民主义（一）

一、社会之法理上意义与事实上意义 ………………… 40
二、判别良社会与恶社会之标准 ……………………… 41
三、判别平民主义的社会之标准 ……………………… 42
四、社会存立之理由 …………………………………… 43
五、个人与社会之关系 ………………………………… 45
六、社会进步之条件 …………………………………… 46

七、教育对于平民主义之贡献 ………………………………… 47

第七章　教育上之平民主义（二）

一、平民主义的社会略说 ………………………………………… 49
二、狭义的平民主义 ……………………………………………… 50
三、广义的平民主义 ……………………………………………… 51
四、柏拉图主义 …………………………………………………… 53
五、个人主义 ……………………………………………………… 54
六、国家主义 ……………………………………………………… 55

第八章　教育上之目的

一、通常三种活动之比较 ………………………………………… 57
二、目的之凭借 …………………………………………………… 58
三、目的造成之步阶 ……………………………………………… 59
四、目的考验之标准 ……………………………………………… 60
五、如何达到教育上预定目的 …………………………………… 63

第九章　教育之目的——自然发展

一、总论 …………………………………………………………… 65
二、卢梭氏自然论之背景 ………………………………………… 66
三、卢梭氏自然论之概略 ………………………………………… 67
四、自然与教育 …………………………………………………… 68
五、自然发展说对于教育上之贡献 ……………………………… 69

第十章　教育之目的——社会效率

一、效率之意义 …………………………………………………… 72

二、社会效率与社会服务 …………………………………… 73
三、社会效率之要素 ………………………………………… 74
四、社会效率说之批评 ……………………………………… 76

第十一章 教育之目的——文化

一、文化之性质 ……………………………………………… 78
二、文化目的之批评 ………………………………………… 79
三、文化目的在教育上之地位 ……………………………… 80
四、自然发展与文化 ………………………………………… 81
五、社会效率与文化 ………………………………………… 82
六、结论 ……………………………………………………… 82

第十二章 兴趣与训练

一、兴趣与学习之动机 ……………………………………… 85
二、兴趣之意义 ……………………………………………… 86
三、兴趣在教育上之重要 …………………………………… 87
四、通常对于兴趣之误解 …………………………………… 88
五、兴趣之两种要素 ………………………………………… 89
六、训练与努力 ……………………………………………… 90
七、机械的训练与智能的训练 ……………………………… 90
八、训练之两要素 …………………………………………… 93
九、通常对于训练之误解 …………………………………… 93
十、对于前举错误之救济方法 ……………………………… 94

第十三章 经验与思想

一、经验之要素 ……………………………………………… 96
二、印象与表出 ……………………………………………… 97

三、预料与经验 ·············· 98
四、身体活动与经验 ·············· 98
五、限制身体活动之弊害 ·············· 100
六、压制身体活动及于经验上之影响 ·············· 101
七、事物关系之重要与经验 ·············· 102
八、思想之性质 ·············· 103
九、动作与思想 ·············· 104
十、预料与思想 ·············· 105
十一、思想历程之步阶 ·············· 106

第十四章　教育上之思想（一）

一、思想之起因或条件 ·············· 108
二、思想之作用 ·············· 109
三、思想之状态与元素 ·············· 110
四、思想在教育上之重要 ·············· 113

第十五章　教育上之思想（二）

一、本题之概略 ·············· 116
二、思想不循次第之弊 ·············· 117
三、系统建设之弊 ·············· 118
四、堆集零碎的观察与事实之弊 ·············· 119
五、不将观念加以试验之弊 ·············· 119
六、假设在思想上之重要 ·············· 121
七、教育上之缺点 ·············· 121

第十六章　方法之性质

一、何谓方法 ·············· 124

二、方法与教材之关系 …………………………………………… 125

三、分隔方法与教材之弊害 ……………………………………… 126

四、如何研究方法 ………………………………………………… 127

五、一般的方法与特殊的规律 …………………………………… 128

六、个人的方法之特质 …………………………………………… 129

第十七章　教材之性质

一、教材之渊源与目的 …………………………………………… 133

二、教材之两面观 ………………………………………………… 134

三、教师与教材 …………………………………………………… 136

四、教材与儿童 …………………………………………………… 137

五、教材之选择与编定 …………………………………………… 138

六、因袭的教材上之错误 ………………………………………… 139

七、教材排列之次第 ……………………………………………… 140

第十八章　游戏与工作

一、总说 …………………………………………………………… 143

二、作业之解释 …………………………………………………… 144

三、学校何故当着重游戏与工作 ………………………………… 145

四、作业之分类及其利用 ………………………………………… 146

五、如何选择学校中之作业 ……………………………………… 147

六、常见之错误及其纠正方法 …………………………………… 148

七、游戏与工作之社会的价值 …………………………………… 150

八、游戏、娱乐、工作、实业、苦役及艺术 …………………… 151

第十九章　地理与历史

一、经验与传达的知识 …………………………………………… 153

二、间接的知识之来源 …………………………………… 154
三、间接的知识之价值 …………………………………… 154
四、直接的知识与间接的知识之联络 …………………… 155
五、地理与历史之关系 …………………………………… 156
六、地理科之分支 ………………………………………… 157
七、历史教授应注意之点 ………………………………… 158
八、历史科之分类 ………………………………………… 159

第二十章 理　科

一、科学的知识与非科学的知识 ………………………… 162
二、科学的知识之特点 …………………………………… 163
三、科学的知识之社会的价值 …………………………… 164
四、理科教授方法之概略 ………………………………… 166

第二十一章　教育之价值

一、总说 …………………………………………………… 168
二、通常教育价值论之欠当 ……………………………… 168
三、经验之纯一性与教育价值 …………………………… 169
四、理论上之冲突 ………………………………………… 171
五、教育理论与社会实况 ………………………………… 171

第二十二章　劳动与闲暇

一、劳动与闲暇对峙之起源 ……………………………… 173
二、教育上遗忘闲暇之弊 ………………………………… 174
三、劳动与闲暇分离之结果 ……………………………… 175
四、现时情况及必要之改正 ……………………………… 176

第二十三章　智能的与实用的学科

一、理性与经验 …………………………………………… 178
二、知识与实际区别之起源 ……………………………… 179
三、经验的知识与理性的知识之区别 …………………… 180
四、理性的知识之特质 …………………………………… 181
五、教育上之影响 ………………………………………… 182
六、演绎的方法与归纳的方法 …………………………… 183
七、现今之趋势 …………………………………………… 183
八、科学方法之重要 ……………………………………… 185

第二十四章　物质的与社会的学科

一、文字的学科与自然的学科 …………………………… 186
二、自然主义与人本主义对峙之起源 …………………… 186
三、理科与文字的学科之倾轧史 ………………………… 189
四、教授自然科学应注意之点 …………………………… 190
五、科学的研究之重要 …………………………………… 192
六、自然主义与人本主义之调和 ………………………… 192

第二十五章　个人与世界

一、总说 …………………………………………………… 194
二、社会的个人主义 ……………………………………… 194
三、智能的个人主义 ……………………………………… 197
四、道德的个人主义 ……………………………………… 198
五、现时学校之情况 ……………………………………… 199
六、学校管理与自由 ……………………………………… 199
七、创作力与自由 ………………………………………… 200

第二十六章　职业教育

一、职业之意义 …………………………………… 202
二、职业教育与实业教育 ………………………… 204
三、现今职业教育之错误 ………………………… 205
四、本章与前四章之联络 ………………………… 206
五、职业教育上之数个根本观念 ………………… 206
六、职业教育上之问题 …………………………… 207

第二十七章　教育哲学

一、全书之纲领 …………………………………… 210
二、哲学与教育之关系 …………………………… 211
三、哲学与科学之关系 …………………………… 213
四、哲学之特质 …………………………………… 214

第二十八章　知识论与道德论

一、知识论 ………………………………………… 216
二、道德论 ………………………………………… 220

Introduction

It is important that the proper function of a philosophy of education should be understood. Sometimes a philosophy of education is regarded as quite unimportant because it is so removed from the actual work of instruction and administration of schools. At other times, it is treated almost as if it were a substitute for a knowledge of concrete problems. Students become interested in the more theoretical and abstract discussion and fail to connect its principles with concrete school work. In reality, the function of the philosophy of education lies between these two extremes. If it is separated from the actual conduct of teaching and administration, it becomes verbal; and students learn only to repeat formula or apply them in a mechanical way. The real value of the philosophy of education is much like that of a map. A map is not a substitute for personal traveling, but it gives much aid to a traveler. It outlines for him the whole field; it marks out important cities and significant features of land, and water. It indicates to him the directions in which he may move and the best way of reaching his destination. In a similar way, a philosophy of education should make the teacher more conscious of his aims and problems; should supply him with points of view from which to criticize his own work and suggest to him the spirit in which his work should be conducted. It is not fruitful taken by itself, but when it is employed as a means of inspiring and criticizing actual work, it becomes fruitful.

The writer wishes to express his thanks to Mr. Chang Tao-chih for the pains he has taken in reporting his lectures and in translating them into Chinese in order to make them available to a larger audience, and hope that they serve the purpose which is thus indicated.

JOHN DEWEY.
DEPARTMENT OF PHILOSOPHY,
COLUMBIA UNIVERSITY, NEW YORK,
November 17, 1921.

杜威博士序（译文）

　　教育哲学之正当的功用之了解为教育上一要事。有时教育哲学为人视为无足重轻，因其与学校教授及管理之实际的工作上其间相去甚远。但亦间或有人几以之可为具体的问题知识之替代物。学者因是渐倾心于较为理论的与抽象的论议，而不复将其原理与具体的工作相联属。实在言之，教育哲学之功用乃存在于此两极端之间。若是将其与教授及管理之实际的行动相分离，则必成为口舌的；学者仅学习去背诵公式或以机械的方法应用之。教育哲学之实在的价值颇似地图之为用。一张地图并不能为亲身旅行之替代，但实能给旅行者许多助力。彼给旅行者以一全境之要略；彼标出重要城市及水陆之特著形势。彼为旅行者指点其所当运行之方向，及达到其目的地之最良的道途。教育哲学亦当以同样方法，使教员愈为晓然于其目的与问题；当供给之以所从批评其自己工作之观点，及暗示以当如何进行其工作之精神。就其本体说，教育哲学是不繁殖的，但是当其用之于鼓舞与批评实际工作时，即成为繁殖的了。

　　序者欲表示其对于常君之谢意，因彼费心力将其讲词发表并译成为华文，俾多数人能获其益，并希望此讲词能供兹所指出之宗旨之用。

约翰·杜威（1921年11月17日）
哥伦比亚大学哲学部

弁　言

　　杜威博士于 1920 年秋至 1921 年夏，一年间在北京高师教育研究科讲授教育哲学，即用所著《平民主义与教育》（Democracy and Education）为教本。本篇系由编者在教室中逐日所记英文笔记译出，复就各章中之自然段落加以标题以醒眉目。

　　本篇大体完全照原书次序，原书所包含之原理在本篇中大致已发挥无遗，此外尤特别注意实际方面之问题。该书原文颇不易读，杂志中时或见有译出之散章零节，每病文义难解，即此可见。读者若先读此篇，然后再读原文，当有事半功倍之效。

　　本篇第九章至第十一章论教育之目的，编者以其在教育理论上及实际上甚属重要，爰就杜威博士原意参考所著书及其他名著数种，将原稿约扩充二分之一，但理论上绝无背驰或冲突之处。其他各章亦均有增删之点。

　　杜威博士谓自第二十一章以下八章系特别关于西洋哲学思想者，在东方不甚重要，故所讲者较以前各章为简略，本编仍之。

　　杜威博士关于教育哲学之讲演，有北京教育部及南京高师所讲两种，但以本篇较之，不惟简略不同，即内容亦异。又杜威博士在我国所有讲演皆系公众讲演，中间又经过一番华文翻译，此则系教室讲演，直接从口语记下。

编者识（1921 年 11 月 24 日　北京）

第一章　教育与生活

一、广义的教育

　　教育与生活其间有密切的联络。换言之，教育乃是生活绝对所必需；没有教育，人类生活即要停止，本章所说明者即是此点。

　　前言人类生活若是没有教育即要灭亡，此处所指之教育与通常所指入学校之受教育其意义之广狭不同。我们常见许多从来没有在学校中受过教育者，亦能在社会上生活；这是因为他们从日常生活中，得着一种广泛的教育，是即所谓广义的教育。今先说明何谓广义的教育，然后再说到狭义的教育。

　　照广义说，教育即是学习或获得某种事物。此学习或获得之观念，乃是对于一个人由遗传上或本性上所未具备或缺乏者而言。所谓教育的学习为生活所必需者，乃是就人类原来的生活（Original Life）说。因为有许多生活所必需的事物，不是一个人生来具备的，所以必须由学习然后才能获得。这些事物即是：

　　1. 各种方式之学校技能（School Skill），如写、读、算。
　　2. 理解各种事物之意义。
　　3. 识见与知识（Information and Knowledge）。

　　人类生来有各种本能或冲动。此类本来具有的天性乃是与生俱来，无待学习的。至于上面所列举的各种生活技能之形式，则必须由学习才能获得。盖婴儿生来所具有的本能，决不够适合生存之用，此事显然易见，无待证明。

二、本能与学习

人类婴孩出生以后，须要时时学习，方能过他的生活，从后面所举的例子，可以使我们愈为明了。此原理对于多数下等动物之幼者不能应用。假如我们将人类幼儿与此等动物，如鱼、鸟、狗之幼者相比较，则此节可以更为明显。盖人与此等下等动物实有极大的区别。人类不但是能学习的动物，而且是必须要学习的动物。试任取一鸟作例子，差不多它所有的技能、能力、它所倚靠以为生存者，皆是倚赖它的本能。但是，人类却不是这样的，人类的技能差不多都是由学习获得的，正与禽兽之类相反。

数年前英国有一个科学家，曾以雏鸡做科学的试验。他观察一只雏鸡从蛋壳出来，即知道用它的喙去啄取食物。起初虽然间有错误，但是几度尝试以后，即能完全无误，就同那些最老的母鸡所有的技能一般。由此可证明，在雏鸡的脑神经上，它的眼、喙与食物距离中间已有相当的联络。至于人类则初生时须待母亲之哺育；眼球与手腕各部筋肉之联络，必须历多少次数之经验才能完成。雏鸡在几点钟内所能得着之技能，在人类婴儿有时须经数年的时间方可。人类婴儿对于这些简单的事物直到三四岁时还会做出许多引人发笑的错误呢。

再用一个简单的例子来说。人类造房屋居住，如同鸟类之筑巢居住一般。但人类之建筑房屋乃是一种专门的技术。这种技术须经过很长久时间的训练与经验才能精熟。至于鸟类之筑巢则全凭它的本能，并无待特别的教练或先前的经验。推之其他事物亦然。

由此可见，对于下等动物，先天的（Innate）能力是基本的（Elementary），学习不过是辅助的（Secondary）。各种动物凡愈接近于人类者，其所需要学习的事物亦愈多，然后才能制驭身体各部分之动作，及获得生活必需的技能。总之，学习对于人类乃是基本的，本能不过是辅助的。

费士克氏（Fiske）① 曾经做过一本书，论《幼稚时期之延长》②。他告诉我们，人类之全然依靠于别人之时期比较别种动物特别长久。在进化等级上，凡愈下等的动物，其幼稚期愈短；有些鸟类差不多可以说没有幼稚期。反之，愈高等的动物，其幼稚期愈长。人类儿童长到十二三岁，尚不能自己谋生活。人类所以能有学习各种事物之容量或可能，即是因为他的幼稚期特别长久。幼稚时期之长短又与文明之程度成正比例。文明愈进步，须要学习之事物愈多，而依赖他人之时期亦愈长久。

于此，有两个卓异的事实。一个人简单看来不过是动物之一。但是进一步看，则人类一方面比较别的动物善能学习、模仿；他方面人类不但能学习，而且必得学习，即不得不受相当的教育。由此，教育上人类的定义，可以概括之，如后：

人乃是能以受教育的动物，而且是必须受教育的动物。

此种个人与教育中间不可分离的关系，即是分别人类与其余的动物之最重要的特质。

三、教育上之三种基本科学

近代教育的基础是一个三角形的，这三种基本的科学即是：（A）生物学，（B）心理学，（C）社会学。

英文生物学"Biology"这字，本出于希腊文，其意为生活之科学。凡属具有生命的物件，皆属于生物学研究之范围。从生物学的观点观察，人类也是生物之一种。依照生物进化之原理，宇宙间一切生命皆是连续的，人类系从下等动物进化而来。人类各种生理组织，如筋肉神经等，甚为复杂，不易了解，而下等动物则较为单简，故可借此解释。生物学不仅为教育学之基础，且为心理学与社会学之所依附，所以在教育上极为重要。

---

① 费士克氏即 John Fiske（1842—1901），美国哲学家、历史学家。
② 《幼稚时期之延长》，即 John Fiske 所著的 *The Meaning of Infancy* 一书。

就心理方面说，学校中之教授管理无往不需心理学之知识。通常皆谓教育须养成个人之观察、记忆、思维、想象、推理、判断各种能力。但以上皆抽象名词，欲实现之，非从心理学研究方面下手不可。总之，心理学所研究者乃如何可以实现所规定之教育目的。

自然，教育也是一件社会的物件。如个性之发展，中间必须经过许多社会的情境之影响。我们若是想养成个人心理上某种习惯，必须利用此种社会的情境。又个人与社会之利害关系息息相通，无个人则社会无所寄托，无社会则个人亦不能存立。故教育之目的首在养成适于社会生活的个人。近来，学者每谓心理学以决定教育之方法，社会学以决定教育之目的，即以此故。以上所言，仅为教育为社会生活所必需之引端。前面已说明个人假使没有教育之作用必致灭亡，后面再说到社会的生活（部落、城市、国家的生活）如何倚赖教育。

四、遗传与环境

现在有一问题：使各民族间彼此文明互相差异的东西是什么？古代如罗马与希腊之文明，近代如美国与中国的文明，或中国与欧洲的文明，何以各各不同呢？

将现时的中国与美国相比较，两方面的习惯思想之方式，乃至言语及信仰上有许多不同的地方。法国人与英国人，英国人与德国人，也各有许多不同的地方。我们试研究其原因，即可见此等差异其可归之于原来的天性者甚少；多半皆是由于后天的，即教育的势力。此问题极有趣味。正确的答语虽是不大容易，但是就大体言，可径谓这原因多半是由于幼年所受的教育，所居的环境，及所浸染的民族遗传。

再用一个较为具体的例子说。假设住在此寒带的爱斯基摩人（Eskimo）的家庭中同时有三个婴儿产生。在他们产生之第一日，即将其中之一个带到中国，别一个带往美国，其余一个即留在原来的家庭中，然后各给以该地方所能供给的最好的教育。待至他们都长成时，我们有许多证明与理由，可相信那一个长育在爱斯基摩家庭的小孩，其思想、习惯、言语、举动，一定是一个真正道地的爱斯基摩人；在美国受教育者，其智力及道德的习惯上，一切必定像美国人的样子；养育在中国者，一切必然像中国人。但我并非绝对地说他一定像美国人，乃是说他像美国人的地方一定比在爱斯基摩或中国地方的弟兄要多些。

自然的，教育须以个人本来的能力为基础。假如一个人生来不具有能力，教育也就不能加增他的能力。但是，于此有一个限制，为人所不能意识的克服者，即为遗传。这一点可由生物学上研究之。按生物学家的观察试验，下等动物后天获得的特性可以遗传到后代，但是在人类究竟能否？

假使一个职业在一家族中，父传子，子传孙地接续十代下去，都作同一的职业，那么到了第十一代的子孙，也许可以得着这种特别的技能之遗传否？对于这答语可以说："是的，后天的技能可以由祖先传给子孙。"因为在下等动物实有显出的例子，如马之蹄，拨土鼠之爪等是。但是现时一般科学家的答语多是否定的。这问题很难证明，因为实在太复杂而且需要的时间太长了。

但是有一件很明显的事，似乎可增加否定说之势力。如中国人的祖先皆是说中国话，美国人的祖先皆是说英语。如果仍有些微后天的技能习惯之遗传，则中国的儿童学习华语①时，应当比学习其他外国语更为容易。但是，事实上并没有这种情形。假如有一个中国儿童，从第一天产生时，除英语外，不让他听别国言语，到后来他就要反觉得说中国话很困难了。这个似乎是一个很好的证据，可证明技能不由物质的传授，必须由教育方能获得。换言之，欲保持生活只有由教授的方法，使儿童有意识地吸收社会上固有的文明。

五、教育历程之进行

前既已证明文明之传达，并非由于物质的传达，而乃由于继续的实际生活之参与，积渐吸收社会上的观念、信仰、理想等等。各色人种生理上

---

① 华语即汉语。

也许有多少差异，但这种体质上之差异，并非低劣的意思。人类文明之主要的差异还是由于教育，即由少年人与社会接触所得的某社会所需要的教育。

个人生来都是无能力的，所以必须学习。然个人终要归于死亡，则文明又如何继续前进呢？假如有猛烈的地震，将所有人皆完全扫灭，则社会自然要失其存在，文明自不能继续前进。但是此乃异态情形，通常社会并非如是。社会常常由重新（Renewel）① 之历程而继续，即由观念、理想、信仰等之传递于少年之历程而继续。假如一社会上的人均是同样的年岁、才能、技能，并且同时死亡，则社会自然要归于消灭。但是实际上，一面有老死的，一方面又有新生的。新陈代谢相传下去：社会上年长的分子，在他未死亡之先已经将这些事物传给儿童们，所以这些社会的资产不致随年长者之死亡而丧失。社会即借这种重新之方法而继续下去。

儿童们在入学校以前，已经学会走路与说话了；故学校并非教育之起点。又学校的教师所有事不过是较为专门的和意识的传达知识之形式，仅包括全部传达的程序之一小部分，故学校并非唯一的教育机关或主体。就野蛮人说，他们部落生活中所需要的能力、技能，在短少时间内即可获得。因为成人的技能、能力与少年人的本能相差尚不甚远。但是当文明逐渐增高时，社会更为复杂，个人所需的普通的技能因而增多，故必须充足的训练，才能保持一个社会文明程度之水平。进言之，假如社会要想提高自己，即必依赖教育以增进其文明与文化。

以上即是开始所说"教育为社会的及个人的生活所必需"之大要。假使听任社会所结与少年人之教育退步，那么文明即要退步了，要由文明变成野蛮了。此处所指的教育包括一切教育的程序，不专限于学校。

为个人或社会而设之教育，不是自然的；不仅是可欲的而且是必要的，文明之进步实以此为指针。至于这种传递程序之进行，则多由于共同活动之参与。儿童们如何由自己练习说话及听旁人说话而学习言语，即是由参与共同活动而学习之最好的实例。又如，一个女孩子追随她的母亲左

---

① Renewel：现译为更新。

右；看她，学她，并且自愿地参与她的母亲之动作，因而得学会家庭中各种技能，即是根本的教育。至于他种教育则十分是补助的。此即所谓"教育即模仿"之根本真理。但此非指旁观的模仿而乃自己成为一个参加人之模仿。模仿虽不能占教育之全部分，实在是教育上一个重要的部分。

第二章　教育与环境

一、教育上字义之解释

在论到环境以前，先将"教育"这名词之各方面的意义，用几个英文字表明出来。这类字可大致分为三组，每一组字各着重于全部教育程序之一重要方面。

第一组字，如"培植"（Cultivating）、"养育"（Nurturing）等字，皆是偏重生活之物质的方面。这类字原系从培养动植物之活动而来。"养育"这字，出于 Nurse（即养护或看护者之意），即指照料有生命的物件者，他的任务即在注意生物之物质的生长之情况。"培植"这字多半用于栽种植物而以收获果实为目的者。这字原来的意义即是将野生的植物培植成为家生的植物，或者将发育不完全的植物加以灌溉、肥料等，使之成为发育完全的植物。总之，以上两字均是注意生活之物质的方面。照此解释，教育即是养育或培植之作用或历程，其目的即为养成身体完全发展的个人。但是，教育的历程中所注重者，不仅是物质的培植，还有心灵的培植。

第二组字，如"兴建"（Raising）、"教成"（Bringing up）等，皆是指教育的程序所欲达到之各平面言。我们常说兴建一所建筑物，或某人不是好好地教成的。这两字都含有建造的意思，由下而上，以达到一个最高度。照此解释，则教育即是建造个人的品性或惯性之方法。

第三组字，如"造就"（Forming）、"形成"（Shaping）或"范冶"

(Molding)等字，这观念，简言之，即是从陶土工人之塑制陶土成各形式之活动而来。用此观念以解释教育之意义者，即谓儿童的品性原来是无定形的，或未制造的；于是教育的作用即是从无定形中给他一个固定的形，以养成个人之确定的品性，而合于社会活动之标准形式。至于这品性或良或否，则完全倚赖陶冶的工夫。

以上三组字各含有一部分真理在内，但均不能包括教育的历程之全体。"教育"这字为"Educate"之名词，原出拉丁文，本意即引出（Leading）或提高到某一点。这层意思后面还要讨论，此处不过大概解释，作为以下论旨之背景。

二、环境之性质

其次要说明的即是：教育如何进行？我们如以教育为培养、建造或造形时，这程序如何能进行呢？说到这问题，我们要总揽较广的学习程序在内，不仅限于学校教育（Schooling）。

在教育之进行上，有一个最要紧的条件即是设备环境。我们如何去实行养育、建造或造形，皆倚赖于被教育者之四围的状况或环境（Environment）。

通常"环境"这名词是生物学上一个专门语，在进化观念上很重要。凡属有机体——有生命的物件——一方面，必须依赖四围的物件，以维持他的生活；他方面，这些围绕于此生物之物件又能影响该生物之活动。如前章所云，人类既是芸芸众生之一，所以也不能逃免环境之影响。

教育如何进行？从物质方面说，动物的教育可说是与培养植物相符合。从这观念看，教育者或成人之对于幼年者心灵的（Mental）生长之影响，恰如一个艺花人①设法使植物生长一样。艺花人能从外面用各种方法，如灌溉、加肥料、剪除骈枝等，直接地帮助植物生长。所以谓教育儿童时，亦可用同样方法；一个教师所当做的，即同一个农夫或艺花人所当做

---

① 艺花人即园丁。

的一样。教师所当做的可以分两方面说：

1. 消除有害的环境：即使社会上流行的不良风俗、习惯、观念、态度等，不致为儿童们所浸染，而妨害其生长。如同农夫之割除恶草，剿灭害虫，驱逐野兽等，是为教育者在消极方面所应做的事。

2. 设备有益的环境：即是设备各种足以帮助或促进儿童智能上、道德上及身体上的生长之便利之境况。由此，使儿童耳熏目染渐养成良好的习惯或品性。例如，农夫灌溉田亩使之润湿，时时翻动土块使之容易吸收土内养分等；此皆供应良好的环境，是即为教育者在积极方面所应做的事。

从以上观念，大概可以得着环境所包含之意义。一方面设备有益的环境，使之有较多的较丰富的生长机会；他方面除去足以妨害其生长之物件，使能不受阻碍继续向前发展。此二者即构成教育历程之要素。

"环境"这名词所包甚广。我们对于儿童所说的话，或彼此间所谈的话，以及在学校、邻舍、街市，所见之一切事事物物，皆足构成一种环境，而对于儿童之生长加以激刺或妨害。所以，明白事理的教育者及父母，假如想使他们的儿童得着完美的教育，必须注意日常情况，为他们设备有益的环境，而且要排除一切有害于儿童生长的势力。

上面说过，教育之进行必须倚赖环境之设备。从反面说，离开环境即不能教授任何事物。（参看前章第五节）

三、环境之作用

现在将环境的意义，再稍为进一步的解释。环境如何动作（Act）呢？对于人身如何发生影响呢？今先从另一个观念解释。这用语也是生物学上的名词：刺激与反应（Stimulus and Response）。凡是有一个刺激到动物身上，此动物随即就要对之起一种反动（Reaction），或反应。

前言离开环境就没有教育。将各种知识从外面一片一片地直接输送到心上，像植物的生长可从外部加以直接动作，是不可能的事。一个字的意义并不能直接装进耳朵中去。心理学上通常解释声音，以为声音发出，空气即被鼓动；于是借着空气波动传达到听官，听神经起感应作用；这声音（或观念）即可传达到大脑，做成一个印象。此说固然是科学的解释，其实通常音响之效用，只能供给听受者以活动或理解所代表的观念之刺激；我们尤须能理会该声响所代表之意义，然后才能起适当的反应。

举例以明之，农夫决不能令植物生长，假使这植物本来没有生命；又虽是有生命，假使为蔓草所窒塞，还是不能生长的。由此可见，儿童们对于所听见的声音或语言，或所目睹的纸上印刷的字，假使心中本来没有这观念或经验，那么这些语言不过是嘈杂的声响，书上的字也不过是一点点的墨迹而已。他们于此断不能了解，又何望其能对之起相当的反应？

刺激所以重要者，乃是因其能引起反应。没有刺激永远不能引起反应来。教育在他的活动区域内所能为力者，即是管制这类刺激而决定其应否供应（Supply）。至于已有了某种刺激在前，教育的势力却不能管制反应，使之勿发。像这一种设备环境或供应刺激，使儿童对之为相当的反应，对于外界事物所起之反动——即是自动的真义。

四、学习程序上之三阶级

当积累的知识愈多，学习的程序遂愈复杂。现在先就"学习"（Learning）这字加以解释。这字有各种不同的意义，分述如后：

1. 我们不能仅用文字而将观念放入儿童的脑袋中，有时又须用声音以唤起某种反应。但是文字、声音，均是唤起反应之最空洞的、抽象的方法。譬如说"HAT"这字的声音，在不懂英语者听之，不过是一种声响而已，没有什么别的意义，仅能引起物质的反应来。如同一人用手击桌作声，众人皆举首瞩望一样。

2. 进一步即是复述原字（Reproduced Words），即是将原来的声音，像留声机一般，重新照演一番，他的反应即是反复背诵。中国旧式学校中的儿童所有事即是尽力高声背诵书本上所有的字，但是对于其中的意义却是全然不解。西洋的旧教育大致亦是如此，只要能似鹦鹉一般将原文一字一字背诵出来，即算目的达到。泛言之，那些死守课本或听过讲演，考试时将他照样写出来，也是属于此类。

3. 第三步，即对于所诵习之观念，须能理解文字中所含的意义。第一步全然是物质的作用；第二步大部分也是属于物质的；第三步才含有智能的意义，在教育上最为重要。所谓理解，即是得着其中真正的意义。良好的教师即是那善能选择某类刺激，使学者对之能为相当的反应者。

五、教育与环境适应

教育上还有一个重要问题即是教育与环境适应（Adaptation）。适应有时被人误解为迁就（Mal-adjustment）的意思。所谓适应环境者，即指有生之物对于他的环绕物能起适宜的反应，因此使生物与环境中间能以调协。环境，如前述，能以辅助并促进生物之活动；如植物能利用热、水分、日光等以维持它的生活；然一旦境地变迁，往往不复能为相当的适应。动物较之植物更能适应它的环境，遇有危险时，它能迁移避匿；若是强壮的动物，它并能自卫。至于人类则更进一步了。人类并非完全屈服于自然环境势力之下，而受其支配者，他并能利用他的科学发明、思维等能力以操纵环境，使之能适应自己之需求。

适应含有利用四围物件之能力，使环境适合人生。就这层说，野蛮人适应环境之势力，实在远不逮文明人。如煤铁等矿埋没在地下多少年月，他们却不知利用以加增自己的福利，直到文明进步科学萌芽时期。故教育之目的，即在加增这种适应或适合之能力，庶几各个人能以维持生活，并能利用四围的物件，使成为更有效用的个人。总之，各种形式的教育皆是要使各个人对于某刺激所起之反应更能相互适应。

由下举之例可以见适应环境之重要。试看一个久在海船上的水手，与一个初次航海的人，遇见风暴或火警时，举动上之差异。初次航海者遇见此类危机，必致慌张失措，举动狂乱，不知所为；但是久经风浪的水手却能从容不迫为各种布置，一切井井有条。此即因其对于目前发生之事能为适宜的反应。由此，则教育之目的，可以规定如后：

教育即是加增或创造个人的能力，使能适应环境。

六、教育与训练

复次，教育上尚有一重要问题，即训练（Training）与真正的教育之区别。训练是教育中之一部分但不能视为一体。譬如，驯马所以能向左转向右转，缓徐迅速，一如人意者，完全是人的动作与意志要它如此。在实施这种训练时，完全依赖快乐与苦痛之感触。有时，有些下等动物能做很复杂巧妙的游戏，亦是由于此法。此种训练动物之原理可大致说明之如下：先引诱所欲训练之动物使为某种动作，如所做不错，就爱抚它或给它食物吃；若是举动不随人意时，则鞭挞之或将食物拿开，不让它吃。由此再三反复动作，直待动物养成依某种程途而动作之习惯。但是，动物实在并不自知所为举动之目的，不过觉得照这样做去是安全的或得着所最喜的食物之最容易的方法。

此原理依心理学解释之，即是使快乐的感觉常与做某种动作相连，而苦痛之感觉则与不做某种动作相连。久而久之，神经结上遂造成一种联络，使某种动作常伴以某种感觉，其结局自能养成强固的习惯。

我们常见许多教授人类幼者的方法，每与训练动物的方法相似。教师与父母往往用这种方法训练他们的儿童。他们命令儿童这样做那样做，命令儿童读他们自己所不能了解的书，做他们所不能了解的事。假若照我们的意旨做即给他奖赏，否则即让他受苦痛。用这种训练，虽然能获得关于外部的动作之效力，然而他的价值实与前所举例中动物之训练一样。

但是，真正的教育实在不是这样的。训练与教育比较起来，被教育者在受真正的教育时，自己能以了解所做的事，对于自己工作具有兴趣与目的。至于马或他种动物对于所做工作，则完全无兴趣或目的。如其有之，则它们即不仅是受一种训练，而且是受了一种教育。它们的动作即不止是机械的而且是智能的活动了。

由此可见，由反复背诵而学习，或专照教师所示意的样子做去，以博得教师之赞许，不然即要受责罚，这种教法实在只是训练，不配称作教育。质言之，此法竟是训练动物的方法，不是人类教育的方法。

由前说明可知教育不是机械的，乃是智能的，系包含某种动作全体意义之了解。但是，在人类社会中尚有一部分资产，如中国字体或英文字母之形式，就不能依寻常见解解释。这是惯例的（Conventional），或任意的，各个字并无一定要作此解释而不可作他解之必然的理由。譬如"Rain"与"Reign"，"圆"与"园"这两对字发音完全相同，但意义却完全不同，其中实在说不出何等理由。又如"Hat"或"帽"这字，不过是习惯上的记号，用以表示帽子。由此，似乎要学习这些字，只有将其牢牢地记住，别无他法。虽然即记忆单字之活动究竟亦异于纯粹物质的训练；因为这字义中包含有某声音与其所代表的实物之联合。这些字是用以传达思想观念等之社会的媒介物（Social Medium），乃是社会的环境中一个重要元素。

七、物质的环境与社会的环境

环境可概分为两种，即物质的环境与社会的环境，或人类的环境。前者包括气候、风雨、地势、山川、物产等等。地形之足于影响人类的生活、性情、职业者甚大而易见，以所包太广，此处不能说明。后者则指一个人与其周围的人之关系；详言之，在一社会中，各分子间常有相互的接触，他人的活动其影响能及于我身上，而我之行动亦常牵涉他人的活动。此种纵横交错蛛网式的社会关系，即所以构成社会的环境者。至其影响所及，则能贯彻教育的历程之全体。

我们日常的生活一刻离不了环境。一切事物之意义无往不含着环境之作用。如桌子这物件，从物质方面说，并无一定要称之为桌之理由，也不妨用别个名称。然桌子所以能成为他的固定的专称的名词者，乃是人类社会共同经验上都称之为桌子的缘故，即是由于社会的环境之原因。又如一本书，从物质方面看，不过是许多纸张堆积在一处，但是因为在人类的环境中都以书名之，所以我们也就称之为书。

一个婴儿在出生之一刹那间即与人类的和物质的环境发生了关系。幼儿初生，其所禀赋之能力，远不如各种下等动物之幼者，饥不能自食，寒不能自衣，事事仰给他人。但是，他有母亲或保姆之照料他的饮食、衣服、睡眠等；既达学龄则又有学校之设备，设法增进其身体、心灵各方面之完美的发展。这种利益——社会环境之利益——却是人类所专有的。人类所以有教育可能性，且能超越一切物类者，盖以此种人类的环境故。

此外，还有一点应说明者，即物质的环境之动作，须经由人类的环境，然后才能显出他的意义来。如电在未被人利用以前有种种害处，往往劈物伤人，但近今人智进步，能利用之于运转机器传递消息，而成为社会的文明资产之一部分。

但是，旧时心理学与教育理论，对于人类的或社会的环境，不会给以充分的注意。因此，他们总是偏重物质的方面而遗忘社会的方面，以致产出专断的理论与注入式的教法。其实专由物质的传授，决不能有何等效果，单靠书本而求知识决不能得着可以合用的知识。所以一切教育的历程上，须以人类的（社会的）环境为主要部分，而物质的环境则不过居于附属的地位。

第三章　教育即生长

一、生长之两种观念

本章所讲系本书所根据之哲学观念。在理论上，生长这字通常有两种性质相反的观念：一种是通常的谬误的观念；一种是新的确切的观念。

第一观念，系与别个观念及实际情况相连而生，为常人所主张；但极不确切，且易引人误解。这种谬误的观念，系自然而然地由一种显然易见的事实所引出来的。他所根据的一切事实，外表上似乎确实无疑，所以在社会上早已成为一种极普遍的见解。

就一个婴儿之体质的生长（Physical Growth）观察之，他的身体起初甚小，一切能力亦甚不完备；但是积年累月，他的身体即日渐增大增重，最后达到一定的限度；于是体质的生长就到了终点，不能再往前生长。因为这事实，一般人遂臆测个人之心灵的生长（Mental Growth），亦当如是。儿童起初，能力经验俱形缺乏；于是我们即用教育的方法，逐渐加增他的经验、知识与能力；及经过一定年限，便也到了一个限度；于是道德上、智能上的生长，均停止不复能向前进步。

这种理论，总言之，即是以生长乃"某物件由不完全而达到完备之变迁"。（A change from something that is imperfect to something that is complete.）照此解释，生长是有固定的限制者。这观念显然是受了事实——尤以物质的生长之事实——之暗示。我们常说某人已经成长了，其意即谓某人已经完结了他的生长。

从同性质之其他事实看，可见不仅人类体质的生长是如此的，植物与动物亦复如是。橡树从一粒种子，埋在土内，渐渐发芽，冒出地面；受雨露之滋养，日光之照临，积渐生长，最后成为参天之大树，而具备橡树之完全形式。鸡雏从卵中孵化出来，以饮以食，日渐生长，最后长成母鸡之成长形式。

总之，这观念以为生长之历程，即是要填满缺陷；生长之可能乃是不完备之表记。儿童所以有生长之可能，因为他较之成人尚未能完成他的生长。

前述见解之错误，可由新的确切的观念之比较而看出。这种真确的生长观念，乃是教育哲学所必须阐明的。依此观念，则"全体生活皆是生长"。（All life is growing.）凡是生命之所存，即有动的生长。（Where there is life there is active growing.）而所谓停止生长者，并非谓一个人的生长已经完备，简直即是生活停止，归于死亡了。

生长之原始的条件，即是未成熟（Immaturity）。但未成熟并非仅为空乏之意，实有其积极的内容，含有生长之可能的意味。换言之，生长不仅是一种消极的符号，实在是一种积极的能力。

生长是变儿童为成人之历程，但是成人有时必须保持儿童的优点与特质（道德的与智能的）。耶稣基督所谓唯有赤子能入天国[①]，孟子所谓无失赤子之心[②]，其中实含有许多真理。所以教育并非要毁灭儿童之特性，而且正要保持之、培养之。所谓儿童期，最富于创造的、积极的、向前学习之能力，实为可宝贵之时期。

由此可见，我们断不可将物质的生长之观念，转用于心灵的生长上面。身体与智能固然同是渐积渐高，但是身体有物质的大小之限度，而关于心灵的方面——如判断力、观察力、发明力等等——则在一个人有生之年皆当续续向前生长进步的。

---

① 圣经原话为："我实在告诉你们，你们若不回转，变成小孩子的样式，断不得进天国。"（《圣经·马太福音》第18章第3节）

② 孟子原话为："大人者，不失其赤子之心者也。"（《孟子·离娄下》）

二、生长之特质

儿童之生长为什么如此快捷呢？他们学习为什么如此敏速呢？前言未成熟为生长之第一条件。未成熟含有两要素，即依赖性（Dependence）与可塑性（Plasticity）。前章曾论及人类之幼稚期特长，故依赖周围人类之时期亦特久。此依赖中即含有积极的能力。因依赖他人之时期长久，故其与同类间之社会的关系亦特别密切。惟其如此，故善能吸收融会社会的观念、信仰、遗传等。又未成熟对于生长之特别的适合构成所谓可塑性。人类与他种动物同，生来具有各种本能。但他种动物之本能为数甚少而比较简单，不须长时间的练习便能应用裕如；如第一章所举雏鸡之例。至于人类则具有各种本能外，更有高等能力；这些能力须经长时间的练习始能应用。人类学习能力之超越即基于此。因为有可塑性，故一切能力不致成为一成不变者，而能时时从经验上学习许多新事物，以供应付随后所发生的困难之用。

因为前述两种特性，故儿童能有种种优点，最适于生长，而为成人所不能几及。儿童有好奇心，常注意新事物之究竟，常常竭力想发现新事物；儿童有好问心，好究诘事物之始末及其理由；儿童又有试验的欲望，常将自己所有的经验应用到某境况上而作成新的结合。好奇心偏重于新奇事物之观察的方面；好问心是偏重于事物之内容或真相方面；试验则是要发现或创造新事物出来。儿童因为具有以上种种特别长处，故能时时获得新经验与新知识。可见，未成熟实是一种积极的能力；未成年并非儿童之缺点。教育应当继续保持这种能力，加以引导培植，使个人更为适于生长，而不致停顿不前。

有些儿童常常盼望有一日自己能达到成人的年岁，因为成人比他们有权势，可以命令指挥他们的动作，因此时时希冀自己也能得着此等独立的权利。但是，他们如果是聪明的，即当看出儿童在世界上实在有许多特别利益；他们的生活最容易变易，学习与发展能力较为丰富，均为成人所不能比拟。成人能力（学习能力等）最后成为固定的，其生长亦受妨阻，最后至于衰老。由此可见，我们对于儿童期，及其随从之各种特长，应当特别重视。

我们既然明白生长之真义，虚谬的观念自无存在余地。所谓完人（Completed man），决不可视同一棵完备的老树，已达到生长之终极，不复能继续生长。

关于生长，尚有一个相似的观念，谓教育即是完全的发展，以为儿童心灵上是不完备的，能力观念等均形缺乏，而生长即是从不完备的方面，到完备的方面之发展。

此说不能谓为完善。盖生长一方面固然在是趋向完备的发展，他方面尚有一更重要的观念，即继续并保持生长之意思。各个人，无长无幼，皆当时时进步，正如儿童之向前生长一般。如果不能续续学习发展，即不能再行进步。

三、教育上之应用

前节已经将生长之观念与特质大略说明，现时所有问题，即：如何将此理论应用到教育的实际上面去？现在先将教育上几个重要问题加以讨论：

1. 生长之始乃是由于空乏或效率不足，前已提及，于是遂有主张教育者必须给一般被教者以教导、训练，以弥补缺陷，增加效率。由此遂产出注入式的理论，专以灌注儿童知识为能事。有儿童于此，智能上、道德上都是空无所有，所以我们必须供给并修缮这种种缺陷，极力将知识灌注到儿童的头脑中。儿童心灵既然本来是空空洞洞的，所以学习之事完全是受动的，或容受的。

从他方面说，假如我们以生长为一种积极的力量，则教育乃是就被教育者所固有的本能、能力或才量（精力），加以指导；利用他自己能力，给以某种工作，因以练习他的能力。譬如，儿童生来有好奇心、究问心及试验心等，我们正好用方法利用之，将他引入正道，于是生长，教育目的即能达到了。

2. 如前所述，假使我们以为教育的生长只是克服缺陷或对于完全的目标之运动；那么我们即要以教育为对于将来的远距的目标之准备，即教育上之预备说，大意即以教育为对于将来完备的生长之预备。这种观念抹煞儿童目前的生活，而专注意到儿童们所必然来到的后半期——成人时期。因此，他们对于儿童期之延长，极不耐烦，恨不能用一种神奇的食物给他们吃，使之立刻长成，并备具成年人所有一切能力。这个观念后章再行批评，兹不多述。

我们须知儿童天赋的本能、才量等乃是教育之基本，一切教育历程，必以此为发轫地。故实施教育时最好是先审察目前的情况，然后因时地之宜供给之以生长所需要之事物，是即为教育者所能为儿童尽力者。我们须知儿童自有其心理，他生活于现在，所以需要现在能应用的知识；所授予的知识并非供他五年或十年后之需求者。总之，教育者之第一任务，即是就儿童固有的经验加以相当的指导。

3. 教育上还有一件不满人意的地方，即是通常学校中太注重传授一般的与抽象的知识，而轻视各个的与具体的事物。试任取一部教科书，其中都特别注重定义、原理等；一般的说明要占大部分，具体的实例仅偶然见之，居于不足重轻之地位。其用意不外以为抽象的知识为用广，可应用于各个事物，而具体的知识，则为用甚狭，仅能用于特别事物。

但是，我们如果想到现时的生长，即当注意个人特殊的生长能力，而且当思适应他的特别需要。譬如，一个艺花匠，培养各种花卉时，必须因各种花卉的特殊性质分别对待，使各得其所。水仙花、菊花、牡丹等，决非以同样方法所能使之发育滋生的。所以在教育上，假如想达到一个遥远的完全生长，即当像艺花匠一般，极力注意各个儿童现在的需要与能力，而各予以相当的待遇。然现在所用方法虽是可用千差万别，但是目标却是相同，都是要达到继续生长之目的。总之，教育非仅注意儿童之一律的发展，尤其要紧的乃是特别的习惯之养成。

按英语"生长"这字有时用 Growth，有时用 Growing。前者注重生长之产物或结果，到定限度即行中止；后者是指生长之历程，即现时尚在进行中之生长。

四、习惯之性质与要素

前云未成年人富于可塑性；所谓可塑性者，即融化并保存先前的经验，而此经验又能指导或变更后来的活动。此即表出可塑性即获得习惯，或发展惯性之能力。何谓习惯？用最简单的解释，可以说："习惯乃是由学习而得来的技能"，以别于我们原来具有的本能。习惯又可以谓为生长之结果或产物。如我们所习知的走路与说话的习惯等是。

习惯养成之证据或符记，即是做事时技能上之舒适、敏捷，劳力与时间之经济等。习惯通常多由于同样的行为之反复养成，如吸烟、酗酒、赌博等，即皆由此养成。又如，我们谈话之声调态度等，亦是由习见习为的方法，而成为一种固定的形式。由此，我们又可说："依于自然的或自发的趋向之动作，即是习惯。"（Natural or spontaneous tendencies of act is habit.）至其功用，则在对于达到目的之方法，能以指挥如意。

从各种不同的立足点，可以将习惯分为三方面如后：

1. 运动的（Motor）：即是外部的动作为人人所能目睹者。我们往工厂中，见工人们应用各种工具，制造各样物品，非常熟练，此系属于习惯之运动的方面。

2. 感情的（Emotional）：如各个人之志愿、欲望、爱憎等。

3. 智能的（Intellectual）：含有作用（Act）与目的（End）。如思想、观察等之法式。

习惯之运动的方面，即是执行的能力或做事之效率，其用易见。至于感情的或智能的方面，则不能从外面看出。因此，现代习惯心理学多偏重前者，而忽略后者。但凡属良好习惯，皆当具备以上三方面之特质，或于运动的、智能的及感情的三方面有相当的衡平之约束（Bond），彼此相互间合而为一。譬如读书之习惯，可以使人成为孜孜好学者；他在运动方面得着如何用书本，如何用仪器做试验室的工夫等；在感情方面，他得着对于某学科之爱好，因而增进他研究的兴味；再深进一步，假如他是一个真正的学者，则他所学的不只能供现在之用，且能供将来之用，不仅用于一事且能应用于他事。又如，一个老练的思想家或著作者，他由某工作所得的习惯，也可应用到将来，作为达到某目的之方法。由此愈前进，则所获得者亦愈丰富，此即习惯之智能方面一个例子。良好的习惯之特质，简言之，即是过去生长之产物，现时继续生长之方法。

五、通常教育上对于习惯之谬见

教育上对于习惯往往持一种谬见。在意识的教育及学校以外的教育中，往往将习惯看得太严格，以习惯为因循的故辙。这种习惯虽然可以有运动方面的功用，但是不能激发人的兴趣；能以使人做事得一种敏捷的利益，但是不能使人明白其意义及其究竟。

旧的教育法，对于读写等之教授，即专教之诵习他们所不能解的典籍，然后背诵出来；或者教他们摹拟字帖，依样葫芦。但是，生徒们始终不能了解他们所做的事之意义，此种专注意习惯之运动方面之教育，于品性上如何能发生良好的影响？

此种对于习惯之见解，不啻以生长为向着一定道路发展，最后到了一个界沟，或陈迹，便不能自由移动一步。如同车轮必须随着辙迹走，不然必致颠覆一般。举一个具体的例子，如通常小学校中教授乘法皆是先教儿童背诵乘法表：$9 \times 1 = 9$，$9 \times 2 = 18$，$9 \times 3 = 27$，$9 \times 4 = 36$……实际上，他们虽说已将这表反复背诵透熟了，但是往往并不能得着一毫具体的技能。一旦遇见一个实际的问题，每不知道还是用乘法，或是用除法去算；往往要待教师给他们一个端绪，然后才能列成算式。这种教法之价值，无待批评。

自然的，习惯之运动的方面也当得相当的注意，但是现今教育上未免将他看得太重。须知外面的或固定的习惯乃是机械的，没有继续生长之可能。工厂中的工人终日做机械的工作，终久到了很熟巧的程度；但是他们的习惯如同车子走到辙迹内去，以后虽然可以不用思想，安然前进，然而以后便无脱离故辙之希望了；永不能做其他事业，心的能力亦受阻碍，而丧失学习之能力。

总言之，我们若是不论历程，仅论产物，则我们必致仅仅注重外面的技能——习惯之运动的方面——而遗弃习惯之其他重要方面。终久必致妨碍阻止心灵的发展。至于良好的习惯，则不但使个人的能力，适合于做某特种事，而且对于新发生事故亦能应付裕如。由此可见，现时教育家多过于偏重人所目睹之外部的技巧，其效果必趋于机械的与非智能的，故每不能令被教育者有适应新环境之能力。这一点是新教育所当力图纠正的。

第四章 教育主义之批评（一）

一、总说

前章已经说明，教育之目的即是加增各个人继续生长之容量。现在所讨论的，是其他各种观念；这些观念现时在教育学说上仍占有势力，但是，我们试加以研究，即可发现其谬误之点。

前章已经说明，Growing 与 Developing 两字皆是侧重于动的生长之历程；若用专门名词表明之，则此种生长或发展是现时备具发动力（Dynamic force）者；而 Growth 与 Development，则着重生长或发展之产物或结果；其究极乃是静止的完备（Static completeness）。所以，其所注意者不在现时所进行的，而在于将来。关于教育上之自发的，自动的观念与被动的，静止的观念之区别，前章已说明。我们又知生长与学习两者是二而一的，是时时向前进行的，并不是专在将来的结局。

本章所要批评的有三种观念，即预备说（Preparation）、开展说（Unfolding）及形式训练说（Formal Discipline）。当应用到教育上时，预备说与发展说或生长说是相反的；开展说与发展说相似，但是实在为发展上一个错误的武断的观念。以上是本章与前章中间之关联地方。

二、预备说

此说与前章所说"教育即是生长"相反。前已反复言之，教育乃是继续生长之历程；成人与儿童皆当同样的时时学习，续续长进。人类身体的高度虽有时要达到物质的限度，但是智能的与道德的生长，苟一旦停止，那就等于死亡了；以前所积累的知识技能，不过使之成为一具机械而已。

预备说之要点，以为教育只是为将来生活之预备；对于受教育者之现时生活并无特别的价值。严格言之，即谓现时的教授与现时的生活全无关系。此观念在一般学校中甚有势力，以为儿童们到学校中去学习写读算诸般技能，乃是储之以待将来之用，至于对于儿童现时生活有何联络，可一概置之不问。

自然，他们现在所学习者，也应当足供帮助将来继续学习之用。然而，过于着重将来，其势不免失去对于儿童现在的价值。此说不外以儿童为成人社会之候补者，现时所当预备者，即是他日入成人社会时所需要之技能与权利义务之关系。总之，预备说所注意者在若干年以后之需要，不在现时的生长；以教育为达到将来需要之方法，而非现时发展之方法实在陷于谬误。

我们所以批评此说者，并非谓初级教育不应当预备儿童使受高等教育，或应付将来之需求，教育自然也当注意这层的。我们的意思乃谓：我们决不能得着为将来生活之美满预备，假如我们将注意专集中于最后所预备的将来。假如想要预备将来，最好是先注意现在；忘了目前，断不能预备来日。

譬如，我们若是想使儿童身体得完全的发展与健康，为父母者或保姆即当时时留意儿童的睡眠、饮食、运动、衣服、卫生等等。如能时时在现时的活动上着想，他们即一定可以做到极完善的预备，达到完全发展与健康之目的。反之，假如不知注意目前的情况，而为之处置，那必至不知所措，而目的也不能达到了。

现时有一个极广布的说法，以为世界情势，瞬息万变；是以为此国家前途起见，应当给与方兴的国民以一种能以适应将来的变迁之教育。但是，单纯就我们所揣度之十年或二十年后之社会情况，所需要者，而决定教育之方针，实在不如现在，尽其力之所能，将各个人的能力都发展起来；至于将来，则待时期一届自能随时应付。须知我们所要预备的将来，如二十年或三十年以后之中国的图形，必然是模糊的、抽象的、没有人能预料的情境。所以，最好还是查察此国家之问题与需要，极量发展政治上的诚实、公益心、实业、交通等等，则将来之预备自然包含在内。又在现时与二十年后之间，必定要有许多新事物、新理想、新势力随时发生，无从预料。国家以内之事实，虽或多在预料之中，然现时世界各国，轮轨交错，交通极便，外国以内的活动，也能影响及于本国，虽有上智者恐亦不能逆睹，假使教育上要一一为之预备，恐怕不但备不胜备，亦且无从预备。换一方面说，假使我们能利用现时的资料与情况，使他们明白责任之所在，启发其合作能力，及应用科学之方法，那么他们就自然能以应付解决将来所要发生的问题了。由此可见，预备将来之最稳健方法，即是预备现在。

总之，预备说在实际上所以显出种种破绽者，即是因为他缺少动机。我们皆知道，教育之进行须利用儿童之活动能力，以为动机，然后才能引起他们的兴趣，使之致力于学习。有一个英谚说："手中的一只鸟，强似树上的两只鸟。"① 因为只有目前的事物最能够鼓励人。儿童只知注意现时的需要，对于将来不能引起他们的兴趣。

因为缺乏动机或鼓动力，于是连带生出一种结果。儿童们对于他们的工作既不能了解，自不能有兴趣，结果必致怠惰学习。于是教育者遂不得不从外部加以压力，用赏罚的方法，驱迫他们去学习。中国旧教育即完全是这样，外国亦然。后来有人嫌这方法太酷②，于是发明一种用糖衣包裹丸药的方法，引诱他们去学习，如同渔人之以饵诱鱼一般。这两种方法无论其效果如何，要之方法自身已不正当，在儿童身心上定然要发生不良的影响。

三、开展说

此说与发展观念有密切关系。但我们所以认生长说为真理而非难开展

---

① 英文原话为："A bird in hand is worth two in the bush."
② "太酷"一词与现时用法不同，此处为太残酷、太残忍之意。

第四章　教育主义之批评（一）

说者，其要点在于生长说注重继续生长之历程，是时时前进，无有止境的；而开展说则注重最后完全的形式或目标。以为此完全形式从最初即存在的（潜伏于心灵上的），教育乃是将已经存在者展开出来。

用实例说，橡树的果实埋在土内，其初从土冒出地面之小干尚没有小指大小，但是久后就能发展成为一株大树，与此实所从出之橡树同一形式。因此，即生出一种观念以为此冲霄凌汉的大树，原来早已以玄秘的方法，贮藏在此小小的一粒种子内；其后生长仅仅是将包裹在内里者，解放出来而已。因此，遂以为个人之知识、品性、才能等，也是从最初即包裹在人类灵魂中的，而教育之历程，即是将他开展出来。这就是福贝尔（Froebel）① 及黑格儿（Hegel）② 所主张的根本概念。现在将它大略批评一下。

第一，在生长的历程上最要紧的即是有合宜的环境以供给相当的刺激。此说以完全的树之雏形，本来已经一丝不短的，包含在一粒种子内，可以自然展开，达到完全形式。其实，即就此一粒种子说，其所倚赖于环境者实在甚多。种子若是没有日光、土壤、水分等，可决其不能生长。

这观念之根据在于生物之内心的活动（Inner Activity）之原理，谓"生活力"，总是时时趋于将自身表现出来的。此观念本近似发展说，但是生长的活动须借重合宜的环境，而此说则专注意从内部的开展，而不曾给人类时时感觉的环境之刺激以充分的注意，且不知人类是随环境而改变的。

第二，此说着重完全的或完结的产物或结果，以为一切的生长及其产物均已现成地包含在灵魂中。再用植物作证：个体之发展，总是成为母体之形式。如棕榈树的果实，总是长成棕榈树；橡树的果实绝不会长成棕榈树，这是一定无疑的。

但是，我们论到人类或生物界的全体时，此说即未必完全可靠。关于此层可以引用达尔文（Darwin）《物种之起源》来说明。在达尔文氏以前，

---

① 福贝尔，与后文的佛贝尔氏，均为德国幼儿教育家福禄贝尔。
② 黑格儿，即德国哲学家黑格尔。

人人都相信发展的观念只能应用到各个体上；而各个体形式从最初即是包含在胚种内，由此发展成为完全个体，一依原来的范型，毫无变动。但是达尔文氏的进化论，则证明全体生活之历程及其形式皆是时常续续变迁的，否则即无生物进化可言。说到人类，我们在教育上并不能预定一个固定的形式。个人自当发展，至生长之历程应当听其前进，不能预定他的形式。

在教育之实际上，我们当注意个人的生长情况，给以合宜的刺激，则自能向一定目标进行。我们须熟知各个儿童之优点与弱点，因而注意如何为他们设备或创造一种可以增进最多可能的生长之环境，并非要代之定出一个固定的形式。

总之，这观念先替教育规定一个完全的目标，以为开展所趋向之标准；其实系一个抽象的观念，离我们甚远；严格言之，可以说是超经验的，是可望不可即的。

本章所以特为指出此观念之谬误，乃因其在欧美各国教育上极有势力，深印于教育者之心中。要之，生活须随环境而转变，然后才能无限制地前进；只要能维持前进不息，自能达到合于目的及情况之全备形式。若是预先规定一个固定样式，即不免限制活动，阻碍实验，而且排拒新事物新理想。须知生长是有伸缩能运变的；我们只要能为之设备最好可能的情况，则将来自能应付并征服所遇见的一切困难。

四、形式训练说

1. 形式训练之意义　此观念在西洋教育的理论与实际上很占势力。其说与从前谓教育以获得知识为目的者相反。主张此说者为洛克（Locke），其要点即以教育所有事，乃是心灵之训练；至于由学习而获得知识，对于心灵训练之功用上，乃是次要的。

如研究历史时其真正目的系训练儿童们的注意力与记忆力等，并非专为熟悉历史上的人物掌故等。又如，学习几何学时，其主要目的系锻炼精确的思考力，如何整理心中所有观念，如何按照定理以为推理等，并非为获得应用几何学以为测量之用等。又如，中国人以为习字并非专为应用，而是训练观察力与注意力之方法等。总之，皆以心灵的训练比较其他一切皆要紧；由此等训练所获得之记忆、注意、观察、推理、概括等能力，可以随心所欲应用到一切事情上去。

此说从前在欧洲极有势力。学校课程上皆将很多的时间用于练习训练生徒，使获得此各种能力，使其日后能以应付无穷。从前学校课程表（尤以中等学校），拉丁文、希腊文、高等数学等，占课程表上大部分。其意盖以此等学科最能训练判断、推理、记忆等能力。

此观念直到近今才受人严重的非难。其理由乃在他实际上所用以辩护与证明其所用方法之理论，根据实验之结果，已经宣告破产（见本节末段）。

从前在初级学校中，教授之最通行方法，即是读极长的单字，并用许多时间教儿童读背拼音表，其中有许多无意义的字，或日常所不用的字。如果有人质问他何以要教授此种无用的废字，他们的答语是："不错，这些字固然是用不着的，可是如此却最能练习他们的注意力和记忆力等；我们的目的，并非使他们去应用。"将此观念推广起来，甚至谓一切科学之价值，皆依赖他们心的训练上之功用。

2. 与他种观念之比较　为使形式训练更为明显，现再将此说与他种观念相比较，而说明其梗概：

（1）形式与教材（Form vs Subject-Matter）。赫尔巴特（Herbart）一派，主张形成说（Formation）（详论见后章），以为心灵本来是空无所有的，须以教材构成之；至于所谓机能并非心之本体。故学习几何、拉丁语等之价值，乃因其具体的教材，可构成心的内容。心灵本来没有现成的能力，也不能获得一般的形式训练，此说与形式训练说完全相反。

（2）训练与兴趣（Discipline vs Interest）。按训练之观念，含有不问教材如何，不管学者好恶，皆一律强其受此训练之意，如兵士之训练一般。此说又以一个人当其被驱迫而为艰难的不愉快的练习时，可以得着最好的训练，是即锻炼法（Hardening Process）。由此则教师尽可教授生徒所最憎恶的事物。实际上，生徒最怕记忆很长的字，但是为生徒的将来计，却偏要如此，才能训练他们的记忆力等等。此种教法，与注意兴趣之教育完全相反。

（3）机械的与活动的（Mechnical vs Vital）。照训练说，其目的只在反复练习，使被训练者成为一种动作划一的机械。如铁匠因为日日为同一的动作，天天练习他的臂膊筋肉，最后他的臂膊之运动，便能像机械一般的准确。故训练说以为心的训练，亦是如此，由相同的事实之往复陶冶，可以训练到很准确迅速的路程。其实真正的训练，须是活动的或长进的；要能因情境而继续发展；如前面所说的，不过是机械动作而已。

3. 形式训练说之谬误　形式训练说直到 18 世纪之前半，为教法上最重要的理论。因此，以致在教材之选择上，往往多择那些于生徒生活无关重要者，或可疾恶者。后来人渐渐厌倦此观念，遂起而指摘非难。

前面所批评的多属理论方面，今再专就实际方面说。依此观念，注意力或记忆力可以仅由熟读许多中国字而获得（此类字又不必为生徒所了解）。但是现在已经由许多明显的事实，证明凡是愈专门的技能，愈不能转用（Transfer）到别的境况上去。譬如，有人要想成为善击网球者，即当天天去练习打网球；要想成为善打弹子者，即当常常练习打弹子。由打网球所得的技能并不能转移到打弹子上去。如果有人想由打网球而学习打弹子我们一定要笑他愚骏。有时，一个人兼擅长各种球戏，那是因为他的筋肉，神经组织上善能作各种联合的缘故。

桑代克氏（Throndike）[①] 尝用试验证明由记忆单字所得之记忆力，并不能帮助他记忆日子或科学上的事实。由此可证明一种能力由此而移转到彼乃是事实上不可能的事。心理学上并没有一般的记忆力或注意力，只有注意或记忆特殊事物之能力。所以，照科学上之最合理的批评看，教育上并无训练注意力或记忆力之一般的方法，可以应用到各事上去。

我们常见有些人对于此事之记忆力甚好，而对于彼事之记忆力则否。有些人善于记忆关于己身之琐事，而不能记忆书本上的字句。有些人最能记忆人名，而不能记忆人的面貌。有些人专能记忆历史的掌故，而不能记

---

① 桑代克氏，即美国心理学家，教育心理学的创始人桑代克。

忆科学的张本。有些人长于哲学的记忆，如抽象、概括、定义等，而短于具体事实之记忆。其他各种心的能力，亦皆是特殊的，非一般的。由此足可证明能力转用之不可能，而形式训练说之谬误亦已昭然若揭了。

第五章　教育主义之批评（二）

本章继续讨论各种教育理论，其次序如后：一、形成说（Formation），二、复现与回顾说（Recapitualation and Retrospection），三、改造说（Reconstruction）。

一、形成说

赫尔巴脱氏[①]在19世纪中，可算是第一个企图本于科学的基础，应用心理学研究结果，去改革当时教育之哲学家。至于卢梭（Rousseau）与佛贝尔氏，不过是普遍的哲学家。在赫尔巴脱氏当时的心理学，盛行一种机能论（Faculty Theory），以为人类各种高等才能，如记忆、知觉、注意、思考、推理等等，皆是在一个人生时，即已完全备具，教育所有事只是将其开展出来，或加训练而已。洛克氏之主张形式训练说，佛贝尔氏之主张开展说，其根本观念，皆不外此。

但是赫尔巴脱氏则力反以前各说，否认先天的才能之存在，而专门注重教材，谓为心灵的与道德的发展之唯一的工具（Agency，或译机关）。因此，他以为教育上最重要的即是事实与实在的经验等，以为一个人生来并没有各种固有的才能，如注意、记忆、思考等等，心灵系从外面建造成功的。

---

① 赫尔巴脱氏，即赫尔巴特。

第五章　教育主义之批评（二）

他的理论可大致说明如下：心灵并非从最初即已完备的，其所具有之唯一能力，即是对于施动作及于心灵之各种实体（Reality），为各种品质不同的反应（Reaction），是即为表象（Vorstellungen）。凡属表象一经存立，虽有时可被后来所产生之新的或较强的表象驱逐到意识阈以下，但是他在意识平面以下之活动，却是仍然继续的。所谓机能或才能，如注意、记忆、思考、知觉，甚至包含感情等，皆是出于这些潜伏的表象之彼此间，及其与新的表象间，所起之相互反应（Interaction），由此便造成各种整列、联合及错综等作用。如知觉即是由于旧的表象接纳新的表象，与之联合，所起之复合作用。记忆乃是由于牵涉于别的表象而唤起一个旧的表象于意识阈以上。

心灵如何形成？用较简单的例子说：人的心灵犹之陶土，自己生来并不能成为一个瓶、碗或壶的形式。所以，陶工从外面加以工作，将他照着人的意旨，造成各种物件。心灵本来无能力，周围事物时时对之有所动作，于是即感受印象。将这些表象加以统整，即造成心灵。因此遂以教材为教育上最重要的物件（即教育的中心）。

前言心灵本来并未具备各种才能，不过对于外面事物可以起相当的反应。虽然，若是没有从外面来的印象或表象，则此种能力依然不能悟觉。

例如，有一声响，即会引起空气的波动，这种物理的变化最后与灵魂相接触，于是即发生反应，此即我们平常的听觉。又如，有一点亮光，借着物理上以太的波动，传到眼球，最后达到大脑，于是发生意识的反应，即为视觉。可知，平时一个声响或亮光一经灭没时，我们便停止不再注意他了。但是赫尔巴脱氏则以为声音不仅是物理的物件，他的表象可以常留在意识上。此种音或光一经保存，将来如有其他相似的印象发生，记忆力即有唤起以前的表象之能力。

由此可见，各种事物之认识，皆须回到表象之自身，一切观念事物，皆出于表象。从教育心理学说，教授之第一要义即是制驭表象，若是能够依照他们来到的次序（即教材提示之先后），将他们统驭起来，即能养成品性与习惯。

在过去半世纪中，赫尔巴脱氏的形成说之影响比任何他教育家都大。

现在再将他的学说要点大致说明如后：

1. 赫尔巴脱氏不认先天的才能之存在，以为动作及感情，皆取决于表象，其所根据之心理学实在是谬误的。人类生来固然并不曾具有各种高等的才能，此在前章论形式训练说，已批评及之。但近今心理学研究之结果，共认人类生来实具备各种本能及才量，其初虽似若无足重轻，要之实为教育之基础，或学习之起点。人类若不具备此等本能与才量，则教育亦无能为力。

2. 儿童之早期所感受之印象，在生活上占优越的势力；因为第一次的印象构成觉识的机关（Apperceiving Organ），能操制后来的新表象之吸收融化。我们后来若再遇同一事物，一定也对之起相同的反应，其重要如同房屋之基础。我们所以能认识何者为何者，并非专靠观察。譬如，这里有一只表，在从未见过之野蛮人视之，仅知其为一圆形发光的物件而已。但是我们却能从先前的经验——潜伏的表象，而认识此物件为表。由此可见，观念之府库之重要。

佛贝尔氏亦特别重视幼儿期，因为个人一生的品性即于此时定之。天主教的神甫谓幼儿在教会中受过一定年限的陶冶，以后无论如何，决不会再有变易。其说信否姑不论，总之心之定形得之于早年之印象者，自然较占优势。假设儿童有两种经验：一个是成功的经验，能以鼓舞他前进；一个是失败的经验，足以令他沮丧。这两个经验发生之先后，有极大的差异。假使失败的经验在先，就能使之胆怯不前，以后见难即退。但是若成功的经验在前，自能鼓起精神，后来虽或遇遭失败，于品性上也就不致发生重大的影响。

3. 教材之相互关系，亦是赫尔巴脱氏所倡导。他一方面主张"多方面的兴趣"，分课目为历史的、科学的等门；但他方面又以为这些学科在课程表上之排列须使之成为一个纯一体或有机的全体（Organic Whole），必如是然后意识上之各表象方能有纯一性，此即所谓学科之纯一或集中。

实际上，即将所教授之合部教材，如修身、文学、自然研究、历史、数学等等，互相联络起来，使各科之教授共同动作。在教法上各学者所主张方法不同。在美国先时多从文学上起头，如一首诗上，说及棕榈树时，一方面可以含着一点伦理的观念（修身科）；一方面又可引伸到树之本体（即是理科），又讲到该树生长之地方（即是地理），最后并可说到树之生年经过（即是历史），与树之高低粗细（即是数学）等等。这种互相关联方法，起初看来似乎思想很精密，其实不免近于牵强。盖一株棕榈树，除了可作理科研究之用外，与森林有关系，如何又能与地理、历史、修身等科联络起来？

前面说过赫尔巴脱的心理学，以为个人所有过去的经验皆是排列在意识阈下面；外界一有新的表象即能引起他的活动。我们所以能得着新的经验者，并非由于心灵的能力，乃全占潜伏在下面之旧观念。我们看见牡丹花，即知道这是何种花，此是由于过去花的经验而知。这种作用即是觉识（Apperception）。英国曾有一个教育家，将一茎凤尾草给一个从来没有见过此草的儿童看，即心灵上不曾有此种表象者，此儿童竟呼之为绿的鸟毛。由此可证明儿童之认识新事物系由于过去经验中的表象。我们若能操制儿童所经验的实物及其次序，即可随意造成任何习惯与品性。

形成说注重教材，对于周围的环境能给与充分的注意。但我们须知教育一方面当着重环境，他方面尤须知道儿童固有本能之重要。此说以心灵为完全空虚的，但是儿童实在生来有为某种动作之趋向（本能）及才量。此节已在前面说明。

此说又专注重形式的教材而忘却各种活动，如游戏等，实不为达到教育目的之最好方法。游戏系我们本能上自发的动作之一。我们通常之获得经验即多由于本能上之自发动作以应付外物，而习惯之养成即包含于此。习惯于品性养成上之重要于此可见。

赫尔巴脱氏又制定一个正式的阶段之教授法。其大要如下：第一步为准备，即唤起潜在意识中之旧观念，使融会新观念。第二步为新教材之提示，是为教授历程之中心。第三步为新旧观念相接触，而发生互相反应之作用。第四步为应用，即将新构成之内容应用于某种行为上去。

这种一律的教法，不免过于拘执，现今各教科书上之选择教材大率如是。其实，教材与教法须因人而施，须合于各个儿童之需要，且为他们能力所及者，若一篇一律，一定要生出隔阂。此原理以食物为喻可以看出：

儿童、成人、病人所需要的食物，当然不能一律。我们须审度他们的食量，及其现时身体状况，然后方能决定他们所需的食物。如儿童宜多食富于滋养料的食物；身体衰弱人须食容易消化的食物；若患消化器病者，则需减其食物或禁食。将教材教授儿童时，也是同一原理，断不可不管能力如何，需要如何，年岁如何，皆用同一的教法与同一的教材。

二、复现与回顾说

此说不如以前诸说重要，后面仅大略说明。现在先将"复现"或"复演"及"回顾"两字解释一下。"回顾"这字是与"前瞻"（Prospection）这字相对待的，前瞻系指将来的前程，而回顾则是反观已往之意。复现系将已往的陈迹重新演述一番。这两字皆含有向后的意思。

以教育为回顾已往之一派教育家与思想家，非常重视遗传、遗产。他们说现时所有的文明，皆是从过去所发展出来的，如文学、科学及艺术等皆是古代文明之遗产。教育之目的即是使各个人能以获得、熟谙，并融化过去的文物。由此便可得着知识、训练、赏鉴力等等，而成为古代文化财产之承继者。

这观念在教育上甚为通行，以为个人来到世界所最要紧的教育，即是浸染古代的文化遗产。文化（Culture）之解释，因各时代而不同。据安乐得氏（Mathew Arnold）[①] 则以文化为古时的思想与著作的知识之最佳的一部分。但照此观念解释，则文化完全成为过去的物件，而获得文化亦只有由过去之熟谙之一方法，不免与以教育为预备将来说，同陷于错误。

自然，过去的事物知识之了解与熟谙也是很重要的。但是，我们决不可以过去之本体，即作为我们最后之鹄的。我们只能利用过去的模型，作为现时活动之资料，以过去经验为指导，而为新的建造，断不能即以过去情况为现在教育之模型或范本。

按中国旧教育，以经典古文为主要教材；其目的不仅是去了解其中的

[①] 安乐得氏，今译马修·阿诺德（1822—1888），英国诗人，评论家。

内容，实以此等经籍之内容，足为后人行为之金科玉律，由此可养成合于过去的情况之观念。一般迷古家所谓"文非三代秦汉以上不读""恢复三代以上之治"等，即系属于此类思想。

复现说大致谓个人，自胚胎以至成人，其一生之发展次序，皆是秩然不紊的，依着过去动物生活及人类历史之演进次序。这种演进一部分是生理的，后半部分是教育的。

关于生理方面者，谓人在胚胎内，最初系单细胞的动物，其后渐成多细胞的动物、软体动物，再后成为有脊椎动物、腮呼吸动物，最后成为肺呼吸动物而完备人的形状。

关于教育方面者，谓人出生以后之演进，其智能的及道德的发展上，最初如野蛮人、半开化人；其后似游牧民族，最后始达到现代人生活之阶级。如儿童通常有掠夺及游荡的本能，即是因为他们的祖先在某一时期曾经度过这一种生活。霍尔氏（G. Stanley Hall）[①] 之解释本能，即多依此说。

试将前说研究之，即可见其谬误。关于生理部分完全系儿童出生以前的变化，与教育无直接的关系。即就生物学之研究观之，人类发展之经过固然要稍带前段所述之动物进化痕迹；但决非完全循动物进化之顺序，否则安有所谓进步的演进？

关于教育方面，即出生以后之演进，似乎近是。但是实在说起来，现在为少年人所设之环境（社会的环境），皆是围绕着文明的空气，使他们从幼年即浸渍文明人的生活，及其思想与习惯。教育是要引少年人在最短的时期内，能超过前人所走的迂回曲折的道路，使他走上正道，并非要使之重度原人的生活。

三、改造说

此说，出于生长之理想，以教育为经验之时时改造或改组。所谓改

[①] 霍尔氏，今译斯坦利·霍尔（1844—1924），美国心理学家，教育家。

造，从表面解释之，即是将已经建筑成功者，重新复造。一个人的经验常在一个继续不断的历程上，时时增进变易，教育即将其重新组织或建造，因以增加其意义，并加增其指导后来的经验之能力。所谓增加意义者，即是使我们能明白所从事的活动中之连续或联络之关系。凡活动之起多系冲动的，或盲目的，每不能知其所由起及所要发生之反应；而教育的活动，其目的即在使人能够明白这其中的联络。如儿童因以手触火而被灼，以后他便能明白某动作与某种光景之接触或结合，其意义或结果，即是热与痛；由此便增加了他关于火的经验之意义。所谓增加他操制后来的经验之能力者，即是由先前的经验，即能知道自己现时所处之地位及预料所要发生的结果。由此便可预见所将发生之结果，而为之备。

就各种生物说，凡是具有生命的物件，皆能继续利用其四围之物，以保持自身生长历程之继续。物质的资料，已随新陈代谢作用消失者，即要从四围吸收进来，否则必致耗尽，而至于死亡。所以各种生物之物质的组织皆是时时改变，一方面陈死的部分脱去，他方面即有新生的部分来补充。

又如，一个组织完备的商业，如欲使其营业能保持前进不致停顿，当其一方面售出旧存的货物，他方面即当购入新商品来填补，如此方能应顾客之需求。

人类生活之历程亦是如此。若是能随每日的经验时时前进，这种生活，即是有进步的。改造应当时时保存他的生活力。有时，一个社会到了某地域，便停止不前，不能随时变迁，后来若是一旦遇了特别的刺激，即要发生猛烈的暴动。如俄国革命①，牵涉许多牺牲，实在非健康的社会之状态。所以，社会最好是能够时时随着世界潮流前进，时时改变，那就不致有发生猛烈的变动之危险了。关于个人方面亦然，一个人的观念经验等亦当能以时时继续变化改造，然后才能适合社会的生活。

经验有个人的与社会的两方面，但是两者实不可以分离。譬如，学习英语，可以知道别种民族之经验与思想；他方面又可获得用字、书写及谈

---

① 俄国革命，又称俄国十月革命或布尔什维克革命。

话流利之能力。此类经验即是属于个人的。但是，我们由个人的经验起首，到后来总要归到社会的经验。譬如，我们在这课室内，便想起这课室是北京高师之一部分，而北京高师又是与北京城相连的。由此更推而言之，可以连类及推到山东问题①、威尔逊氏②、美国、国际联盟等等。可见，经验不是属于个人的，而为社会的了，因为皆是与别人发生关系的。我们若是能随时随地研究这些过去的及现在的事实，加以改组，即能造成新经验。

总言之，教育上改造的观念，可以概括说明：改造观念，原出于生长观念；教育之历程即是经验之时时改组或改造。他在每一步骤上，各有其直接目的，并非向着一个远远的目的之预备，亦非现有的能力之开展。这观念之目的，是扩大个人的经验，将人引到一个较广阔的境界去。习惯、技能等之养成，即得之于随时随地所获得之经验中；由此使之能以利用已有经验去获得新事物，并以应付将来的事物。

由此可见，平常教授数学，只是使学生能以做加减乘除各算法，而不用充分的、具体的资料补充之，其结果虽能使生徒能够很敏速地运用数字，如同机械一般，然而若不与其意义或社会的用途相联络，仍然于经验上不能发生重大的效果，并且失去原来的价值。所以，在教授时，须给儿童们以完备的观念，使之有较丰富的意义，并加增其应付事物之能力。由此，则个人能力即可加多，眼界亦可扩大；不但能以应付目前，且能以现所已有者为基本，更向前学习。即为本书所主张教育之主义。

---

① 山东问题，是指一战后英、法、美等国操纵的巴黎和会，无视中国的正当要求把德国在山东的全部权益交由日本继承。
② 威尔逊氏，即伍德罗·威尔逊（1856—1924），美国第28任总统。

第六章　教育上之平民主义（一）

本题全体之网领，可以分为两大段：
1. 教育上之社会的标准：
(1) 社会之要素；
(2) 平民主义之应用。
2. 本书之主张与其他社会哲学之比较：
(1) 柏拉图主义；
(2) 十八世纪之个人主义；
(3) 十九世纪之国家主义。
本章专讲第一段，其第二段待后章讨论。
一个社会之构成要素，可以更分析为：
(1) 共同的兴趣或目的；
(2) 与其他社会的团体之关系。
将此标准应用到判别平民主义的社会时，又可分为：
(1) 多数共通的兴趣；
(2) 自由合作的交通。

一、社会之法理上意义与事实上意义

现在开始先将"社会"（按英语"Society"与"Community"意义均为社会。特前者所包括较为广博，后者较有限制，其基础为共同的兴趣，共同的语言及共同的政府，而前者则包括一切多数人之集合体在内）这字解释一下。这字意义甚为含糊，每含有双方面的意义。他在事实上与在法理上意义各不相同。

在法理上（De jure），社会系指可欲的，有价值的事物；表示我们之所企望且应当存在者。如此数品质，对于公共目的之忠实，相互的情感谋共同的幸福等。此系社会之轨范的意义。

但在事实上（De facto），社会这字，亦包括恶社会，可疾恶的团体在内，如强徒窃贼也可以组织一个社团，又如赌博及酗酒之党徒，我们所视为卑污恶劣者，实在也自成一个社会。此中包括良社会与恶社会在内，是为社会之形容的意义。

事实上与法理上这两词，原系法学上之用语，今再略加解释，俾其意义更为明显。如在一个国家承认新立的政府时。事实上，在革命发生时，革命党实际上握有政府之实际统治权；彼时即可承认之为事实上的政府。但是必待旧政府已消灭，全国国民已经满意于新政府而不表示反抗时，始得谓之法理上的政府。

又如，一个人获得一件财产，随而占有之。后来又有一人出而声称该财产不属于占有者而系自己所有。此时，占有该财产者只能算作事实上的所有人，不能为法理上所有人。在此法律案件中所当决定者，即两人中究竟孰为法理上的所有人，而法律即是判断之标准。

由此更可明白，社会之事实上意义，系描写现存的社会之状态，而法理上之社会者，则系我们理想中所悬拟的社会。

二、判别良社会与恶社会之标准

如前所述，社会这字，通常系指一种良好的、可欲的、法理上的物件；但同时也包括那些可疾恶的、事实上的团体，如盗匪团体及专为自己利益而组成之政治的私党等等。这种辨别，为的是要提出一个问题，即是："辨别良社会与恶社会之标准为何？""当以何标准考验之？"略述如后：

第一个标准即在其目的：假如所抱之宗旨或目的正当即系良社会，否则即系恶社会。至于何以见得他的宗旨恶劣呢？自然是从他的结果或影响看出。

第二个标准即在一个社会与其余各社会之关系，一群盗匪是一个恶社会，因其非但不与他社会协作，且从而加以伤害、鱼肉、掠夺、破坏。总之，盗匪团体之积极的恶点，即因其与其他社会立于对抗地位。

在良社会中，其间须有多种兴趣以团结各种人于一体，其组织方能完备，而进行亦以顺利。如家庭——社会的团结之一法式——以内，其生活即包含各种兴趣，如物质的、智能的、美术的等，又与商业团体、学校、各种传布文化之机关、娱乐处所，乃至地方政府，无往不发生共同的关系与兴趣。而在盗匪或营私的政党中，所恃以固结团体者，只限于赃贿、财货及其他不义之物而已。

恶社会之标准，总括起来说即：

1. 少数的共通兴趣；
2. 对于其他社会之关系淡漠，或积极的仇视。

良社会之标准，总括起来说即：

1. 多数的共通兴趣；
2. 各分子间及与他社会间有各种相互关系，常常相与协力工作。

三、判别平民主义的社会之标准

如前所述良社会的两个标准：（1）多数的共通兴趣与（2）与其他社会之社会的接触与自由的交通，使各部分痛痒相关。此亦即判别某社会之为平民主义的与否之标准。

平民主义之一要义，即是反对外部的权力。然从前各社会多数皆恃权力以巩固其团结力（如中央及地方政府等），今一旦抛弃之，而无相当代替物，恐社会亦将随而瓦解，故不可无代替物。此代替为何？简言之，即共通的兴趣。我们须极力增加社会上各个人间之共通兴趣，使之觉得个人与个人间，及个人与社会间之关系，无不息息相关，如一机体然；个人发展全体即可因以蒙其利益,而全体发展亦即个人之发展。此即社会的操制之最好最稳固的方法。

一个社会与他社会隔绝时,他的经验即不能随生活而增加,不能时时改组进步;将至专以保存固有的习惯为能事,其结果必使社会陷于旧习俗之辙迹中,不能自拔。由此可见,各国社会间相互的接触交通之必要,必如此方可以互相交换经验,互相供应刺激,则社会之进步,自不致为旧惯习所限制。

就我们日常所见,将社会分为各种区分者多为:(1)年长者与年幼者;(2)妇女与男子;(3)贫人与富人;(4)无知识者与有学问者;(5)弱者与强者;(6)治者与被治者;等等。其影响所及遂致家庭与邻里间,学校与家庭间,学校与较广的社会间,中央政府与地方政府间,亦生出各种隔离现象。这些人因为受社会上因袭的影响以致逐渐造成阶级制度,酿成社会上彼此互相敌视之现象。初仅互相分离,到后来即成为固定的阶级,彼此间从此即不复有相互交通。

现今各国罕见尚保存固定的阶级者,但是实际上仍然是存在的。例如,在某某国家中,有些平民从来没有机会与治理者晋接,于是就有治者与被治者阶级之产生。又如,经济的界划——大概是现时最强有力的——将劳动者与资本家中间,筑了极高的一垛墙。这些皆是反于平民主义的社会之理想者;因为平民主义的社会之目的(理想的),是要使各种社会的群体,彼此间常常互相接触,协力合作,除去一切隔离,共趋向同一的目的而前进。

此外,尚有关于平民主义的社会之目的与其他社会不同之点,可以列举,但过于抽象的、普通的,故不详论。我们目的只是先规定一条原理,然后应用它去判断社会与教育之合于平民主义与否。

四、社会存立之理由

社会这观念包括任何社会的群体在内,既如前述,现在讨论社会存在之理由。何者为社会之利益?人类要团结成为社会,其目的安在?团体生活较之个人生活有何利益？个人何故不欲单独生活？以后略举理由：

1. 势力集合：所谓势力集合者，即谓多数人之集合体，总比其中任何一个体之力量强厚；因为于此多数人的力量皆已汇集一起。希腊有一寓言，大致谓："一个父亲为要使他的儿子们明白团结一气的势力，他取一束棒，先教他们作一束将这些棒折为两半，但是没有一个人能有这般大的力量。于是他又将这一束棒解开，教他们逐一地折断，这些棒就很容易的应手而断。"由此，可以看出个体远不如团体之强固，此为社会之原始的性质。在猿人时代，人们联合起来共同抗拒猛兽及他们的敌人，亦即由于这个理由。

2. 同情心：一个社会如同一个人身体之各部分一般，各部分皆是互相交感的，其中有一个共同的情绪。譬如，一个手指受伤时，我不仅觉得一个手指痛楚，而觉得我现时觉苦痛，全身皆受其影响。又如，多数人结合成为一个家庭时，家庭中一个人感受艰苦时，其余的人同时也感不快。一个人愉快的，其余的人也觉得快乐。推之大规模的社会亦是如此。

3. 信托、信任与忠实：因为各个人彼此间是交相感应的，有共同利害关系，所以彼此间须能信任、忠实。虽卑鄙如盗贼及专图私利的政党，如果想为有效能的工作，彼此间亦须信任，但他们却不信任局外的人。假如一个社会中各个人彼此不肯信任，则此社会必致瓦解。

4. 宗旨之一致：各种社会之组织，皆需有一个共同的宗旨，或为营利，或为学术，或为社交，然后才能号召群众。因为有一定宗旨，然后众人方能知所趋向，注意方有所集中。

我们每见一个政治的党派常极力排斥别派的人于政治的势力圈以外，以遂其自私自利之目的，实际上每不能持久，其原因不外：（1）狭隘的或少数的共通兴趣；（2）与别社会的群相隔绝或立于反抗地位。

试以中国之政党为例证：凡政党皆系一个社会的群体，即由多数个人所组成之强有力的团体，固然是合法的；但是实际上每每不能称为良社会，因为其目的仅在争攘权力得着官职，好由此去搜罗金钱、财贿，但这种目的太狭隘，且共同兴趣甚少，故不能持久。又设有一个政党，其目的在扩张教育，启发实业，增进国外贸易，改良地方政治，在理论上即可谓之良社会。

再举一例，现在世界各国间，因为交通上及贸易上，彼此间有许多共通的利益或兴趣，足以当起良社会标准之考验；然而各国间，每存有互相猜忌不信任，有时甚至发生战斗，此种侵犯的行为，却是恶社会之遗迹。其根本原因则因国际间共同兴趣还是有限制的。平民主义之趋势，则在增加共同的兴趣，加增彼此相互关系；而反对各团体间之分离，及共同活动参与之限制。

五、个人与社会之关系

个人所受之教育与其在社会上所处之地位有密切关系，其关系可分述如后：

第一，个人到了一个社会中，由社会的环境之作用，于不知不觉中，其习惯与欲望即被其影响，这种作用即是教育。一个人加入盗匪团体中，因为日日与其他盗匪相接触联络，于是某种习惯养成，他种习惯即受阻碍不能发展，此即他所受之教育。

这种教育的影响非常恶劣，因为在盗匪中间，只有极少数的共通兴趣，是片面的发展；至于良好的社会则能使之有多方面的发展，或全体的发展。盗匪有时须有极高等专门的训练与教导，如矫捷、勇悍、侦伺、机变等等。那些匪首又须有特别的武力与才干，方能指挥党羽。他们所受训练有时比陆军首领还高明。但是，这种教育终不免为片面的发展。

至于良好的社会，则有多数共同兴趣；其教育之影响则为多方面的发展。因为个人系社会的群体之一员，其个人利益与别人利益，处处相关，欲使之能适于社会生活，须将其能力向各方面发展出来。

所谓个体之全体的发展，可再举一个实例。如公民资格中，含有种种品性，如服从、敬礼、忠实等等，但是具有这些品性，而仅兢兢于从事自己的业务，不预闻公共事业，还只算是片面的发展。又在平民主义的社会中，各个人不但要有服从、忠实诸德性，还应有创发力，能负责任。公民对于法律固然应当要服从，但是对于法律之制定也当有所参加，非仅受动的服从而已，这种社会的环境乃是学校所应当注意培养的。如学生自治会，让学生参与学校之行政之类，即是达到养成公民资格之最妙方法。

第二，恶社会还有一种不良的影响，即是：个人生活于狭隘的社会中，与其他社会分离隔绝，其结果使人的习惯成为固定的，不能随时进步。我们现在说到固定的习惯与常变的或生长的习惯之分别，或者径可称之为静的社会与动的社会之分别。社会上各个人须时时接触，方能互相供应刺激，使之用思想求进步。否则听其与外界隔绝，就要趋于陈迹故道中，养成固定的习惯。其详后段再说。

六、社会进步之条件

前已言及社会之进步，全赖各分子间时常接触，互相供应刺激。所以，当社会上各个人所组成之各种团体，彼此间没有多少关系，如学问家与无识者，治者与被治者，强有力者与懦弱者，资本家与劳动者，各分隔成为孤立的社会时，彼此间即无接触机会，经验与感情不能交换，则社会必致到了一个静止的状态。

社会上各个人本来是互相依赖的，所以必须协力动作方能由彼此间获得新观念与新经验，发展出来一个求进步的欲望。否则，这种孤绝的生活，即能使个人及社会的生活成为固定不变的。此时群内便发展出一种自私的、静止的理想。我们知道野蛮部落之视外国人，与仇敌为同义，即是出于他们守旧的习惯。他们惟恐固有的风俗、遗传将因与外界交通接触而瓦解。

无论在东洋或西洋的历史上，常有某系文明，达到一定限度，便停止不前，甚至数百年中依然不能前进一步，其主要原因即是因为此国家处于孤立地位，没有与他系文明相接触之机会。

中国文明发展之情况亦是如此。中国土地面积广大，住在他的边境者只有文明程度很低下的游牧民族：南方、西方有很高的山岭与印度隔开，北方有很广大的沙漠，东方便是大海。这种天然的限界，使中国与世界上别的文明国没有接触机会。因此，自然的，当社会发展到了他自然的限界，便成为固定的了；因为是时已觉得自己满足，无待外求了。由此可以证明社会之进步与发展，其原动力决不能完全从内部发出，必须与别国家或社会相接触，始能得着使之进步之刺激。

再举一个实例，政治社会之进步，系由治者与被治者间之密切的接触，因以得着刺激。在平民主义之下，管治者必须顾虑人民之好恶欲望，重视他们的习惯风尚等等，决不能专顾全自己的权利与私利。使他们不得不注意人民之利益者，乃是由选举上而来之压力。因为一遇选举时，人民都是倾向那些能以满足他们的期望之人物。有些人以为现今各国资本家势力雄厚，有操纵一切之势，而劳动者之权利则极为微弱，不能与之对抗。所以在社会上皆是资本家独占势力，如此似乎很难保持一个平民主义的社会。但实际上虽如此，他们也不能不兼顾劳动者之欲望，而造成纯然的专断政治。因为劳动者的利益若被藐视时，他们自己也能组织劳工联合，去在政治界争他们的位置。由此，双方面的相互作用，即可保持平民主义的社会继续前进，而成为一个移动的、有生机的社会。

总之，平民主义的社会是趋向给与个人以多方面的发展之机会；所养成之品性，非仅受动的，如服从权力而乃系积极的，如创发力及担负责任等。其用意乃是防备社会生活成为静止的，使之继续流动，庶几进步更为容易。

七、教育对于平民主义之贡献

教育对于平民主义能有何等贡献？学校对于保持平民的政治，其重要何若？今先就平民主义之目的述之：

1. 确保机会之均等；
2. 发展个人社会的精神与社会的能力。

现在要想纠正现社会之不平等，而达到以上目的，教育乃是其中之最好方法。美国每年有许多从外国来的移民，他们知识不完备，生活情形极为困难；不能与生于本国之土著，处于同等地位。但是，他们的子女可以入公立学校，获得相当的训练，由此提高他们生活程度，而与本国人跻于同等地位。由此可见，教育于化除不平等上，比法律还要有力。在纯然的平民主义的社会中，使人人能有自由活动之机会者，即是教育。

在许多社会中，每有重男轻女之风俗。理论上，社会所以有男女之区别者，完全由于在教育上，我们要使男孩受一种男孩们的教育，使女孩们受一种不同的、女的教育。因为教育不同，所以在社会上即产出这种现象。要免除这种不自然的区别，必须给他们——男女孩们——以同等的教育。

又社会上多数知识之愚氓与少数的睿智者，亦非平民主义所许可。欲免除此不幸的现象，自以扩充普通教育为不二法门。使人人都有受教育之机会，使人人能力各得充分的发展，不可忘却那些受经济的或社会身份之限制者。必如是方能免除知识阶级与愚氓阶级之存在。

此外，尚有一事当指明者即：学校所给与之教育，非仅就各个人施以教育，使得充分发展而已。其最后目的乃是要将社会上各个人团结一气，使之对于共通的兴趣合力协作。从前教育只注重发展个性（Individuality），即使各个人能尽量发展所有才量，使能享受完满的生活。在比较近今，一般人始渐觉悟这种专以发展个人为职志之教育，趋于使人专务私利，甚至与全体利益相抵触，所以教育目的遂一变而趋向社会方面，所谓社会的目的是。儿童习惯之养成，学校之教材、教法、管理、训练等皆渐渐成为愈益社会的。

第七章　教育上之平民主义（二）

一、平民主义的社会略说

本章系接续前章所讨论教育上之平民主义。现在先将前章所述要点大略提及。

第一，何谓社会？社会之主要元素即是共同的兴趣或目的。但虽是盗匪团体，亦有一种共通的利害关系，所以辨别良社会与恶社会之标准，不在共通的兴趣之有无，而在下列二标准：

1. 何种共同兴趣或目的？
2. 此种共同兴趣之多寡？

如前所述，一个群体有时是排斥外人的、孤立的或与他社会立于对抗地位；他们在团体以内虽是社会的，但是对于外界则是反社会的。他们的目的每与别个群体相反，与别个群体之相互作用甚少。在群体以内，其共通兴趣亦少。此即为恶社会。

至于良社会，则与其他社会有积极的接触及友谊的关系。在群以内又有多数共通兴趣，虽在专断政治之下，治理者亦不能完全不计及人民之兴趣，专用武力来统治。但比较平民政治之下，其共通兴趣与接触，自然要少得多。

第二，何谓平民主义的社会及其影响？一个社会只要在团体以内的各个人之相互间，及与他群体间，时时有接触与交通，其趋向总是平民的。

因为于此就有多数的共通兴趣与共同参与的活动；反之社会即要趋于筑造一垛墙，将社会上各部分隔开，使其不相来往。

何谓社会对于个人之影响？一个人若是与他人有多数共通的兴趣与活动，及自由交通，即可彼此得着许多刺激；由是可增广见界，解放才能，将个性发展到最高限度。

现在又回到第二章所论及之社会的环境及其影响。社会环境之要义，即在：假如一个人常与多数人相接触，其能力即可由各方面所得之刺激，而唤起活动。

假如一个人生长在一个孤僻的村落里，足迹从不越出村落范围，且与他人没有接触，在此情状下，除非他是一个异常的人，其习惯必定囿于本村，各种能力亦无从发展。他如想使能力充分发展，即当往邻村或别国去旅行，多与人接触，或多读书报。因为只有由与自己所属的群之接触，方能鼓起潜伏的能力。在一个平民主义的社会内，各个人有较多的刺激机会，故最能鼓起个人所有的能力。

二、狭义的平民主义

我们以前所讲的，旨系以平民主义为一种社会的理想（即广义的）。但是在多数人的观念中，每以平民主义为一种政治的理想（即狭义的）。系关于政府之理论及实际方面者。

关于政治方面者即是政府之形式，而关于社会方面则系指人类共同生活之法式。政治的生活，系社会生活之一部分，故实际上并不能将政治的与社会的平民主义分开。但于此认出他们意义之广狭，亦是极重要的。所以大略说几句，政治的平民主义包含：

1. 法律上待遇之平等：平民主义之应用于政府上，其初系由于人民因政府对于阶级待遇不平等，因而激起抗议或革命，而要求政治上法律上之平等。当时平民有微罪或并未犯罪，每横被逮捕科罚；而贵族则肆无忌惮，为法权之力所不能及。因此，平民大为不平，而要求一切人无分贵贱，皆当在法律上立于平等地位，由同一法庭审判，适用同一法典。

2. 租税负担之平等：当时（欧洲中世纪）平民负担赋税极重，而贵族与教会往往拥有极多财产，免除赋税。又或无一定税律，国家得随时征收，遂致征敛无度，贵族亦起而反抗（此系英国实际情形）。于是遂起而要求人人应受同一税律之支配，国家岁出应由全体人民分担。国家非有法律之根据，不得向人民课税。

以上是政治上的平等，或平民政治之原来意义。其中并不含有智力上、道德上或财产上之平等，只限于政治上权利义务之平等。凡是读过英国史或欧洲史的，想皆知道法律上待遇平等与纳税平等两件事。

3. 但是，人民后来又觉得他们除非参与法律之制定，决不能获得法律上待遇之平等。所以，他们对于法律制定要求有参与之机会，并选出所信任者来执行法律。是即平民政治运动之第二步：要求参与政权。如选举，参与法律之制定或废止不必要之法律，选举法官，组织代议制政府等等。历史上，英国人与美国人之要求政治上权利，并非出于普通理论之结果，他们不过是想得着与他人所享受之一样的保护，故有以上1、2两项之要求；后来又觉得非实际操制政权不能达到前项目的，故更进一步而要求参与政治。

三、广义的平民主义

本段再论广义的平民主义。经验已经告诉我们，各个人虽然不能皆直接参与政治，但是他们总可以得着平等待遇。但政治上的平等，仅为广义的平民主义中之一部分，至于平等之其余要点，亦是极要紧的。现时社会上所有不平等，大概由于：（1）经济上不平等，（2）知识上不平等，（3）能力上不平等及（4）训练上不平等。

虽然有了政治上的平等，但是因为其他各方面之限制与不平等，其结果仍只有少数人能享完全自由操纵社会。只有少数人有受教育之机会，与利用社会上各种制度之机会；而那些多数堕落到愚昧阶级中者，便不能享受其所应享之权利，唯有长在黑暗中而已。

从这方面可以看出政治上平民主义，有扩张及于社会生活各方面之必要，并愈显出平民主义与教育中间之联络。盖政治上平民主义仍然不足以解决社会上各种不平等现象之问题，仍然遗有许多机会，以致产生财产上知识上种种不平等。所以，社会的平民主义之根本的要求，即是：

1. 机会之平等（Equality of opportunity）；
2. 服务之平等（Equality of service）。

所谓机会之平等者，即谓各个人皆当有发展之机会或门路或可能。这种机会，不当使其因经济的或社会的限制，而不能利用。机会之平等并不含有人人当有同等的智力发展，因为人类能力之不能平等，一如人类身体之高低大小不同一般。有些人生来筋强力壮、活泼灵敏，有些人身体生长因受阻碍，不能完全发展。此层虽或可由除去障碍，而增进其发展。但是在他方面，有些人之体长与重量，往往有非人力所可操纵者。如一个人因为遗传上关系，身体只能长到一定高度。此时人类所能为力者，即是给之以同等的教育，同样的环境，使之能发展到他所能到的限度。反之，此人若不能得合宜的食物，合宜的环境，则彼将不仅不能生长，而要致死亡。由此可见，机会均等之要义，即是给各个人以均等的发展机会；使具有较大的天然能力者，可以发生到较大限度；而因遗传关系，不能达到某高度者，亦得尽其容量发展到他所能及的限度。

关于财产之平等问题，与本章所讨论无直接关系，此处不能详论。但是，这层并非如关于智能上与体质上之不可能。通常创作发明之能力，亦可引到财之生产，似乎教育对之能有所助力。且享有多量财产者，在社会上必能影响公共事业，有优越的操制环境之能力，而享有多数人所不能得着之机会。社会上平民主义似不可不兼顾及此。我们现在还未能决定财产之平等化能做到何地步，总之财产不应当集中于少数人掌握中，则是毫无可疑的。现时关于经济上机会之平等，还未能达到，多数拥有巨资者，每系由于偶然侥幸。

所谓服务之平等者，即谓各个人在社会中，因为受社会上别人的劳役之恩赐，所以也当替社会尽一部分力，以为报偿之地。一个人之与别个人之社会的关系，即在此种服务上。在道德上，服务之均等和其他一切机会之均等同一重要。此即为个人之社会的自由（或权利），与社会的责任

（或义务）之关系。这种权利义务之关系，从道德发展之早期中，即已存在；谓加增个人之能力，即是加增个人对于社会之贡献。

由此可见，使各个人有均等发展机会之重要。我们当教育那些知识者，使之能维持自己的生活，并能尽其所能，以为社会服务。所谓社会服务，并非专限于利人的无报酬的工作；一个商人以合理的诚实的方法经营商业，亦是为社会服务，因为他对于社会一般的幸福，总算做了一件事。教育之社会的目的，现今盛行一世者，即是以使各个人能为社会服务为其目的者。

以上所述，系教育上之社会的标准，后面接着讲本章所主张与其他教育哲学主义之比较。此等主义共分为三种：

1. 柏拉图主义（Platonic Ideal）；
2. 个人主义（Individualistic Ideal）；
3. 国家主义（Nationalistic Ideal）。

四、柏拉图主义

柏拉图主义起于古希腊，距今已两千多年。柏拉图生于公元前四世纪（429—347B.C.），柏拉图所主张之要点，大致谓社会之稳固，端赖社会上各个人能各就其才干所宜，执行社会上一部分业务，以为全体求幸福；教育之历程即是发现此等才干，而决定其能力之所宜。进言之，他主张教育须要拣选各个人，发现各个人之所长者，并设法将这些人分布到他们各人所宜的工作上去。各个人若能各执所事，不相侵越，社会全体即可确保其秩序与统一。

用现代名词说，他的目的乃是以教育当训练各个人使能为社会服务。要达到这目的，第一即是考验各个人能力究竟合于做哪样业务；如文学的才能如何，科学的才能如何，数学的才能如何，法律的才能如何；既经发觉，然后给以相当的训练，使各得适宜的发展。我们皆知道一切教育皆当注意各个人之特别能力，将它发展出来；因为个人所有特别才能，并非专供一己之利用与满足，而且是为社会全体之服务。此实为进步的理想，系对于教育上一个积极的贡献。

但是，他的学说中有一个限界，所以不能算作平民主义的。他主张人类心理上生来即分为几种固定的阶级。他说人类可以概分为三类：第一类，多数人天性上只有嗜欲，一生只注意个人的欲望，这类人就使之归入劳动的或商贾的阶级。第二类，有些人于嗜欲以外，尚有宽宏的、坦率的、勇敢的天性者，就归入国家中坚、公民阶级，为战争之防御者与国内治安之保障者。第三类，只有极少数人，具有理性与真实的思考力，能从理性的观点而了解事物，他称之为哲学者，应当为全体社会之统治者。

柏拉图主义，虽说是分别阶级系以他们本来的禀赋为标准，而非以社会的或经济的情况为取决，似不能谓其反于平民主义。但是，心理学知识之进步，告诉我们人类能力千差万别，不能枚举，断不能将其分为三个明显的阶级。故此说不免近于武断，为柏拉图主义中之贵族的色彩。

五、个人主义

此主义盛行于18世纪，而以卢梭氏为此派之代表。其要旨在着重自然（Nature），以自然与社会组织系相反的。他主张教育须随顺自然，应以之为教授与训练之鹄与方法。

人类原来的禀赋，本来是非社会的或反社会的。社会上种种经济的、政治的制度，惯习，遗传等等，均足以束缚个人的思想感情，使不能发展出来。所以，他主张顺应自然之教育，使个人不受社会上种种因袭的束缚，即能有丰富的发展之可能。这种教育不是教育各个人使适于现存社会之生活，乃是将个人从社会的恶势中解放出来。

此理想偏于个性之发展，遗弃柏拉图氏所着重之方面，即对于社会目的之注意。

但是，进一步研究之，此说之主要目的，仍是归结于社会之进步。他所以反对一切社会的限制者，系因个人受了社会上种种因袭的风俗、制度、信仰、理想等之束缚，不能解脱，以致没有进步希望，必须先打破社会上一切束缚然后方能有一个较广博的自由的社会。

六、国家主义

此主义为19世纪之产物，直到现在仍在教育哲学上占有大势力。国家主义之教育，简言之，即以教育为达到政治上目的之方法。其目的系造就国民，非发展个人；个人系为国家而存在，一切教导训练皆以国家利益为指归。

固然，在某范围内，这种教育亦具有社会目的；但此种社会目的，仅限于特定国家以内者，即个人所属之国家；对于此国以外之人类不免有歧视之念。近今，德国教育非常发达，普及教育实行最早，管理监督非常得力，系统组织亦极完备。此是国家主义的，但是不能称为平民主义的教育。日本教育大致与德国相似。

德国是国家主义的教育之领袖，其根本主义乃是出于一种信心，谓除非各个国民是强健的，国家决不能强盛。国民若是没有特别的训练，于学术上、制造上及贸易上，决不能胜过别个国家之人民。这种教育实在能训练成功许多爱国的国民，但是他们仅得着某方面的训练（机械的效能），仅使之合于为某国家之国民。就其与他国家比较之，则此主义系排外的，使此一国国民与此国以外之人类相隔阂；并在他们的头脑中浸印一种思想，自视为高于世界其余的人类，而不以同等人看待之。

国家主义虽然有如上述之缺点，但亦有许多不可磨灭的优点。因为心中存着这主义，所以德国最早觉得教育之重要，对于提倡教育非常猛进。将教育作为民政之一部分，故于学校之设置，进行非常迅速（如规定学校制度、建筑教舍、训练教师等）。

这种教育又能适合国家的需要，有社会的效率。所不能令人满意者，即因其仅注意特殊国家之利益，有时甚至与他国利益相敌对。又此种教育虽然能将个人特种能力发展出来；但是受教育者终竟不过成为国家之机械，没有自由发展之余地。个人所能获得之教育只限于国家所规定给与之一定分量。

综言之，国家主义不免遗忘个人之价值；而个人主义，则忘却社会上有用的个人之训练；两说各有缺点。但此两种主义对于平民主义均各有一部分贡献。

第八章　教育上之目的

本章系泛论目的之性质，及规定教育上目的之根本原理。全章所讨论之问题，可分为三部分：

1. 何谓目的；
2. 考验良目的之标准；
3. 教育上之应用。

一、通常三种活动之比较

在直接讨论何谓目的之前，我们先将日常所见的三种活动或变迁解释一番。

第一种，为偶然的会合：例如，地上散布的沙土被风扬起，改变了地点，从此处移到彼处，作成一个土堆。这种变迁固然也到了某种结果，但是他并无所成就，其中实无意义可言。因为他并无一定的连续的方向，亦无预期之目的。

第二种，为累积的（Cumulative）活动：含有连续的方向与一定的结局。此与沙土受风吹动所起之变迁，自是不同。现先将累积这字解释之，累积系指某种活动能以保持前进不息；收集先前各步骤中之活动，而利用之以为建设某项目的之基础。譬如说，某人累积金钱，若是某人收入一千元，随即用罄，他所有金钱即不能增多。但是，某人收入一元而用去九角钱，如此继续下去，即可积得一定数量之钱币。

简言之,"积累"系保存现有者,并续续加增之。这种活动显然与第一种不同,因为他的动作是有一定方向,且是向着一定目的者。仍就第一项所举之例说,假如有一个苦力,将这些沙土搬到一处,做成一个土山;他这种逐步动作即可达到固定目的。

第三种,是"有生机的活动"(Living Activity):此系专指生物所有之活动。生物之种种动作皆是前后互相衔接的。试举一例,如建筑房屋之活动:造屋之先,须有一定计划,然后方按着次第,一步一步地做去;即利用先前所得结果,以指导目前的动作。如此从头到尾持续下去,直待获得一定结果而止。

由此又可见积累有两个要素:(1)保存先前的结果;(2)增加新的材料。建屋者自然知道他的境况、目的、结果、计划等等。又如,蜜蜂之造窠,鸟类之营巢,亦皆趋向一定结果。但是,我们没有理由相信蜂或鸟能够知道它们自己的境况。至于人类造屋时,心中早已预先有了一个计划及其结果之图形。此盖由于人类具有智慧,故能预料将来所要发生之结果。

从以上说明,可见前项第二种活动,加上结果或终局之预见,即成为第三种活动。如建造房屋时,心中先预料所将经过之事件,然后逐步规定其动作,使每一动作皆能作为随后的动作之指引,向着预见的结果进行。此即所谓目的、主见或意向之含义。

二、目的之凭借

前节不直接讨论目的,而说及各种活动,乃是要证明或指出我们决不能从虚空中构成一个目的。讲到目的时,背面必须有可依附之实物,即我们的想像上须有作我们的目的之对象,然后方能有可遵循的历程或方法。

在社会的或教育的事件上,有一件最易犯的错误,即是我们常常臆度以为可仅由思考去决定何者为合宜的,何者为应有的,因而构成一个目的。其实,由此所定目的,多与实际情况相去甚远,仅为一种心理上的图样而已。

例如,在几千几百年以前,人类即有飞行天空之幻想,因为看见鸟类飞行，所以得着这个暗示。但是，此不能为造飞机之真正目的，因其没有可依据之事物，或可以应用的方法。此等人心中只是存一种幻想，不能说有何等目的。

再就爱迪生（Edsion）君之发明电灯说，即可见其与前者不同；他心中是先有一定主见的，且有所依据之事物。他先知道电可以发光，因为从自然界中电闪所发之光，及在实验室中，将铜丝通电流亦可放火花两件事类推而知。这些事实或张本引他开始去研究电气如何可以发光。又电光原来发出时皆是闪灼不定的连续火花，不堪供烛照之用，于是他更进而研究电气发光之要件，因而加以改良，由此遂发明电灯。

由此可见，爱迪生君之发明电灯决非从意想中悬揣而得，乃是先有所依据，方能产出一定效果。这种效果不是在最初心中本无主旨所能自然产出。近今，造飞机者在研究如何飞行之先，将鸟类飞翔之性质与条件加以研究，造飞机时便极力使合于这种性质与条件。这种动作就显然与徒然想像飞行天空不同了。

三、目的造成之步阶

由前所说明，可见我们要规定一个目的时，须先研究与了解因果之关系与律令。如前所举例中之雷电与电灯，飞鸟与飞机，在发明之步阶中皆是有因果关系的。当着手研究时，我们不仅要察考各事物之自然情状，而且要进而研究其因果关系，然后方能决定达到目的之方法。

在汽机初发明时，多数人皆以为一定不能做任何工作。但是汽机之发明，实与神话上所述爱拉登（Alladin）之神灯①不同。此神话谓此神灯一受摩擦即有灵鬼出现，替他做一切的事，满足他一切的希望（此故事见《天方夜谭》中）。因为这种神奇的事，其中没有因果关系。

但如福尔顿氏（Fulton）之发明蒸汽机则与此绝异②。福尔顿氏幼时，

---

① 爱拉登之神灯，今译阿拉丁与神灯，出自《一千零一夜》。
② 蒸汽机的发明者不是罗伯特·富尔顿（1765—1815），而应是詹姆斯·瓦特（1736—1819），此处是编译者记录时出现的错误。

看见水壶在火炉上，渐渐发出水气，将壶盖掀动。他于是从此看出其中因果关系，而断定蒸汽所发出一种势力，可以转动机械，于是即从此着手去发明蒸汽机。这种动作即不是梦想，而系有目的者。

由此可以将目的造成之步阶，总括起来如后：

1. 发现在自然界所发生之相同的效果。
2. 研究其条件与原因。
3. 根据所得知识造成一个计划。

再将爱迪生君之发明电灯说。从前的人也许想到不用烛油之烦劳而得着灯光，是一件极可人意的事件；但是这种无目的、无凭借的想像，不过是梦想而已。爱迪生君即第一个将这件事作为他的目的，他第一步研究雷电如何发光，考察发电之要件，然后造成一个计划以实现所抱之目的。

又如，在电话未发明之先，也不过是人的梦想中之物象而已。但发明者却能从物理学上的律令，去研究别种相似的事物为着手之初步。如平时语音如何？自然的声音可以传达多远的距离？声音如何能使人在远处听见？物理学谓声音之传达，是由于空气之波动。由此可以推知，若有一种更妙的媒介物，便不难令声音之传达更为遥远迅速。又我们已知电话是借着电气波动，而传达到极远的距离。有了以上根据，于是将这种波动应用到电话上去，电报就发明了。

四、目的考验之标准

以上均是泛论目的一语，并未专论教育方面。由前所得的结论，即谓我们所拟之目的，须是出于实际研究所得之效果，然后方能将它实现出来；否则心中所臆度者，仅属梦想而已。

前面所论述，系目的之性质大概的观念，现再论教育应用方面，同时并论及良目的之考验。我们要得着一个良好的教育目的，或教育以外其他事业之目的，须备具下列各紧要的标准：

1. 目的须要根据于现存的或现时的活动。
2. 目的须要能转变成为一定计划。

3. 目的须要为特殊的、一定的与详举的。

现在还用教育以外之事为例：造屋时，其起因总是因为有人要有一座房屋，或较良的房屋，是为起点。但是，如前所述，若徒心中作此想，而不思所以实现之，则此理想特空中楼阁而已。不过，同时这种欲望亦是不可或缺的。假使建造房屋一事，非徒为想像，而实在要设法实现之，则此欲望即要引到一定的结果。所欲望之目的虽系属于将来者，但着手去实现这目的时，所有设施却自然要根据于现时的情况。

人因为要有房屋供自己居住，所以着手去建筑它，于是计划遂渐施行。但这种将来的完成，自是多少远距的目标。实际上，我们决不能专注意最后的完成，而抹煞目前一切情况。如某人之志愿为做教师，此种预备期限距所欲达之目的，亦是遥远的；但是他此时所从事的，却不能从目前的情况下手。

建筑房屋时，绝不是专凭个人要造一个王宫或陋室之幻想，须根据现在的情况。如预算建筑费若干？所需时间若干？房屋所占空间多大？用何材料？建筑在何地点？何种形式之建筑？如何去获得彼地之所有权？在建筑开始之先，这些问题皆是当预先解决的。

关于其他事件，如社会的、政治的、实业的，皆是同一道理。我们决不能凭空设想，总当研究实际的情状，看出其中因果关系，因而拟定方法。要解决中国现时一切问题，须根据实际上的情形，不能专靠所欲的理想去解决。这种情况包括现时的经验、活动、能力与环境。

我们要教育一个十龄的儿童时，所为设定之目的，须与此儿童实际上所具备的能力，及其现时所需要者相联络，正如建屋时须审度目前的情况一般。平常教育目的之缺点，即在一般教育者或父母皆想着何者对于成人为合宜的与可欲的，而不顾儿童之能力与需要，因此遂以将来的成就或结果为目的，而失于与现时的情况之联络。

何谓恶目的？总括起来说，即是：

1. 以将来结果为目的，而不根据儿童固有的能力。
2. 从外面强加到儿童身上，不是由现在情况内中发展出来者。
3. 此目的对于各个人皆是一律的，不管儿童之个性差异。

以上三项，均系出于不根据现时的实际情况规定目的所致。反之若能根据儿童现有能力与需要，则外铄的、远距的目的，自不能介入其间。教育既是因个人才能需要而规划，自能注意各个人个性之差异，依照他们的经验、需要、能力如何，使目的能适于各个儿童之需求，如是，自无武断的、一律的教法之弊。

他方面，目的必须能转变成为计划。目的与计划之分别何在？计划乃是工作的方法之布置，或动作之方法。当一人设计要做一件事时，心中须预为想出并整列一个进行的阶段来。此阶段包含（1）如何及从何处起首？（2）应当着手的程序或达到所欲达目的之阶段。

本书第三章谓教育即是生长，但是生长之观念究竟如何方能实现？即为本节所当讨论。简单言之，要实现生长之观念，先要将此观念变转成为一定计划，规定一个如何进行之方法。计划中所包含者如预先规定一个详细的方针，制成一个有系统的阶段，如游戏、手工、体操、学校园等等设备，以增进其生长之环境。此等有系统的阶段，正如建屋时所需要者相同。

凡是要达到一个目的，总当有逐步的规划。第一步当做的是何事件，应用何方法，等等问题，若非将目的转变成为计划，其结果断不能得着一个有秩序的工作；所有动作将多出于冲动的或感情的，而非智慧的。

计划的意义，即是思考。谓在开始做事之前，先将某事思索一番。但是"思考"这件事，不是人人所能做到。多数人对于一事之起，每不耐烦先在心中打算一个详细计划，即冒昧做去，希望能以达到某种目的。这种情形系实际上所常见的，结果每致失败，便归咎命运不佳，其实还是思虑未周之过。

美国威尔逊总统之"十四条"①，一时鼓动全世界，使皆竟得世界状况改良之必要，如国际之平等、秩序、公理、正义等等。但是他所用以改良国际的关系者，不过是纯然理想的规程或政策。后来这"十四条"终竟不

---

① "十四条"即美国威尔逊总统在第一次世界大战结束前夕，提出的"十四点和平原则"。

能实现，即是因为这理想并非从现时情况所产出，且无一定的详举的计划。他不曾有如何去实现这目的之详密的计划，便贸然要将"十四条"应用到现实世界上去，当然是要归于失败的。反之，他若是曾经将这世界之现实的情状确切地研究一番，则必能先从目前的情况，定出一个详密的计划，而不致径直将"十四条"提出来了。

五、如何达到教育上预定目的

以前数节论目的之构成步阶，及良目的之标准，均谓一切目的皆须根据现时的活动。于此，须知本章用意并非专注意实际事实，而轻忽理想。在教育上，理想与实际，其重要不相上下。一方面，我们当考察目前之实在情况，作成一个详密的根本的计划；同时亦当有一个企图改进目前状况之理想，作为我们一般的目的。

现时有许多社会主义者，希望达到财产上公平分配之目的，但是这种理想，实际上不过等于空中楼阁而已。若是实在要想达到所预期之目的，他们即当首先就现时经济社会之情况，作成一个精密的计划。所不幸者，即是多数人每不愿意多费时间，去规定一个详密的计划，思考将来所要发生之结果，以致理想终无实现之方法。

在教育上，我们可以预先设定一个一般的计划，如以生长观念为中心。同时依据由现实情况研究所得之结果，而设定一个详密的计划。有了这种计划，实行时自可左右逢源，不致贻误。

当应用到教育上时，自然要先将现在的情况与事物加以分析整饬。再就爱迪生君之发明电灯说，他的目的并不是用他的发明去改良社会生活，虽是实际上确有此等效果。他所时时注意者，乃是目前的情况，他用去许多年月将这些情况加以分析综合，找出其中之因果关系，然后应用到实际上去，将所持之理想实现出来。

近代教育心理学研究之结果，告诉我们人类原来的性质上，彼此间有极大之差异，使我们愈觉得要达到目的，须有精密的、特殊的计划之必要，从前不论儿童个性差异如何，皆用一律的教法之悖谬，实已显然暴露出来。

我们要达到一定目的时，所应有的计划，总括之即在下列三问题之中：

1. 何种事实特别适于生徒现在的需要或情境？
2. 何种事实最为重要，并能为生徒学习其他事物之基本？
3. 我们当如何提示此类事实？

我们若能就前举之事实问题研究之，即能造成一个详密的计划。此种计划自当根据儿童所能做的与所欲学习的，及经验中有联络的；如是，则所规定目的自成为确定的与特殊的，而不致流于抽象的、广泛的形式了。

第九章　教育之目的——自然发展

一、总论

关于教育之目的，在各时代及各学者间，有各种不同的学说。如完全生活、改良学习语言方法、以实物代替文字、社会的效能、个人的文化、社会服务、人格之完全发展、全备的知识、训练、美术的观赏等，这些学说在某时代皆曾在教育上占有一部分势力。本章及次章仅略述现时最有势力的理论。

1. 自然发展（Natural Development）即以教育之目的，系循着自然以发展个人。

2. 社会效率（Social Efficiency）即以教育之目的，系训练各个人，使有最大的社会效率。

3. 文化（Culture）即以教育之目的，系在个人高尚生活之启发。

以上三说之差异，简言之，即是第一说注重发展个人；第二说注重训练社会上有用的公民；第三说则注重启发个人之理想与赏鉴力。这三说各着重于人性（Humanity）之一方面。

第一说偏重个人之发展，以为其他目的皆是附从的；第二说则以教育非发展各个人，而乃训练之使对于社会为有效用的公民。至于第三说，则不用"个人"或"公民"字样，以为此等字皆含有限界。教育不是要造就工人、农夫、商人、银行家、律师等，亦非仅造成良好的公民，其目的乃在造就人（Man），以为教育只是陶冶个人的感情，与启发高尚的理想。但是这三个目的，其中实有相互关系。

就发展、训练、启发表面解释之，发展暗示从内部的生长之意思，如个人之本能中之自然的、自由的或自发的活动。训练通常如用在兵卒之训练，手艺工人之训练，即是要使之适合于特别目的，给他相当的练习，养成他特定的习惯，并非要他得着完备的发展。启发或培植（如培植一个植物园），其意即就其天然的、粗粗的、野生的，加以改善、拣选或提炼，使成为纯良的、精美的。例如，农夫培植植物时，当时时为之耘草、灌溉、去害虫等，否则听其自然必致野草蔓延，而植物必为所窒塞而不能生长。所以，教育上培养各个人之理想与感情等极为重要，以上是本题之大旨，后面再详为讨论。

二、卢梭氏自然论之背景

关于个人之自然发展，前第七章论教育上之平民主义时已经大略涉及。本章再将这观念进一步解释之。现在先将这理论之背景略为说明，后文方能明白。

卢梭系这学派之最有势力的代表。他生于瑞士，但一生多半住在法国环境中。他的理想被人公认为于法国1789年之大革命，有极大影响。这次革命之结局，即是古时相传下来的封建制度与阶级之完全推翻。

卢梭当时之法国，系一种极端苦乐不均的时代，以致酿成反对现存的经济政治情形之革命。当时法国系专制政体，只有封建的贵族占有土地，生活奢侈骄恣达于极点；而实际上从事工作之农工，则生活非常恶劣；没有政治上的自由，没有代议的政府，享有特权者仅少数受王家宠幸的人。这种身份皆由各人所从出之家庭而定。同时宗教方面，系天主教握绝对权柄，僧侣之权威甚大，其压力于抑制思想之自由发展上极为厉害。这种道德的专制之情形，与政治的与社会的专制之情形，乃是卢梭所极端反对的。

当时巴黎乃是文化甚高之都市，为社交生活、文学、美术及奢华之中心，即是所谓文雅的、极端矫作的生活。这种境况很像俄国都城圣彼得堡在 19 世纪末年之情形。俄国从前系贵族专制，只有少数人占有特权。农奴名义上虽已释放，但是实际上还是终身替贵族做牛马，生活并未尝改善。托尔斯太（Tolstoi）[①] 对于现在的俄国之影响，正如卢梭对于当时的法国一般。他们两人的观念与品性虽然不同，但是两人的理想，实同为对于其时社会的情况之反响。

当时的情况，用一句话表出，即是专制主义与文雅的、开明的、矫作的社会生活之结合。（A combination of despotism with a highly refined, cultivated, and artificial social life.）

三、卢梭氏自然论之概略

当时社会生活之黑暗与不自然，既如上述，致使卢梭氏深恶痛绝全体社会生活与社会制度。于是主张以自然来救济当时堕落的社会。

他说："一切社会制度皆是恶劣的，因为他们总是趋于抑压或逼迫个性之发展。此种压迫乃是人类一切罪恶之泉源；不但令人生不快乐、不自然，而且迫他到一种非发表自己的天性之动作方面去。总之，一切道德上的罪恶，皆是由于个人之被压制，使其不能有适当的自由发展。"

"这种影响所及，不但败毁个性，同时并足以败坏周围的环境。一切文雅的社会生活皆是矫作的、不诚实之表示，使人只注意外观，而忘却真正内心的天性，使各个人之生活竟趋于吸引别人的注意，得着别人的敬仰及名誉等，简言之，即使人成为一种伪君子。这种空气之影响，在个人方面，使之成为好作伪的、慕虚荣的；在社会方面，则有使人心中充满自私自利、残忍、苛刻、无信义诸恶势力。"

卢梭氏又云："人类天性本来是善的。譬如，人类本具同情心，当然不致有幸他人之灾，乐他人之祸之事。但是，在社会生活或制度上，有时

[①] 托尔斯太，即列夫·尼古拉耶维奇·托尔斯泰（1828—1910），俄国文学家，作家，思想家，代表作有《战争与和平》《安娜·卡列尼娜》《复活》等。

令人欲得胜利，非使他人以达到自己目的不可。一个人想做富家翁，自然要倚赖社会上的别人，竭力设法从他的邻人获得便宜。"

又说："人类只要能各自独立，不相依靠，彼此间即能亲睦。但是，现存的政治的与经济的状况，却使他们不得不互相依附。因为互相依附，遂不得不极力使用诡计或欺诈，去得着他人的便宜。假使没有社会的制度则各个人即可为所欲为，不受他人之牵制，亦无需他人之助力，各个人于是可以各自独立。但是政府既经存立后，各个人即要互相依赖，极力想以他人为增进自己利益之工具。"

四、自然与教育

如上所述，自然与社会系立于反对地位者。因为社会生活与自然相去日远，因此产出种种罪恶，所以卢梭氏即主张返于自然（Return to Nature）。他所著的《爱米儿》（Emile）[①] 即为阐明此种教育之理论与程序者。其根本思想盖谓欲减除社会上的罪恶，须先破灭现代社会之复杂的组织；此种教育称为依顺自然的教育（Education According Nature）。他在《爱米儿》一书中虚拟一个男孩之教育，处处注重其天然的本能或天性之自然的发展，按着发展之次序给以相当的教育，但极力不使与社会相接触。原书上有详密的计划，此处不能详举。

卢梭氏以为人类的教育系来自三个泉源，即自然（Nature）、人（Men）及物（Things）。所谓自然，系指人类身体器官之原始的构造及其机能的活动。所谓人所给与人之教育，即指个人因受他人之影响，关于这些器官之使用上所有活动而言。所谓物所供给之教育，则指身体机关与环境间之直接的相互作用，结果所得之个人的经验。以上三种泉源之教育势力调协起来，始能达到自然教育之目的。

卢梭之学说虽不免受人指摘，然如谓身体的器官及其原始的活动为一切教育之基础，与近今教育学说颇近似。他的学说有一唯一的缺点，即在

[①] 爱米儿，即《爱弥儿》。

以自然为教育之最后目的，将教育全体弄成消极的。其实，所谓自然者，只能作为教育之基本或起头而已。

按自然这观念，分析之，有双方面的意义：

1. 消极的：即反社会的，意思即要远离社会之势力；教育只要发展个人，可不管他的社会关系。

2. 积极的：其中含有各种元素之设备，以促成自然发展之实现。在《明日之学校》（*School of Tomorrow*）一书第一、二、三各章说得最详。

积极方面，如身体机关之健康、运动、个性的差异，各个人之需要，及能力发展之次序，于自然发展之历程上皆极重要。自然论之价值，全在它的积极方面。

五、自然发展说对于教育上之贡献

自然发展之观念在教育上价值，可以分述如后：

1. 教育上有一种最不幸的现象，即是将儿童看作具体而微的成人。因此，教育者遂专注意于何者系一个人所当知当能的，而不顾何者为儿童所能知能做的。自然发展之观念，则告诉我们儿童之本能的活动之重要。教育不是从外面加到儿童身上，乃是将他们固有的能力发展出来。

本能的活动即是自然的、无待学习的活动。人类之教育可能性，即完全倚赖此种基本。教育者必须随顺这种自然的倾向，方能利导之以达到教育之目的。

2. 旧教育理论及实际上，每持一种身心两元论，似乎以身心两者系完全两事，甚至以身体活动足以妨害心灵活动；于是，想出各种方法来抑制这种活动。自然发展说，则兼注重身体的自然活动与心灵的发展。身体的生长与心灵的生长，两者虽然不是一件事；但两者在时间上差不多是平行的。

凡心灵之活动或作用，莫不借重或牵涉身体之活动；身体活动对于心灵活动亦然。我们既已承认这种事实，然后游戏、手工、体操、图画等在学校课程上，始有稳固的地位。

3. 这观念又引起儿童研究之兴趣，使我们觉得教育上尊重儿童自由之重要。自然发展上最要紧的一件事，即是观察研究儿童之兴趣及其需要之表现于外者，因而给以合宜的教育。

我们皆知道儿童们在入学校以前，于说话、走路等事学习非常敏速；但是一入学校，往往进步停滞，其故安在？从前的教育家似乎心中以为儿童天生是嫌恶学习的。其实心灵对于学习之关系正如消化器官对于食物之关系。心灵到一定时期，自然感着知识的饥饿，正如消化器官之感受生理的饥饿一般。健康的消化器官断无嫌忌食物之事；儿童的心理，何故嫌恶知识？

由此可见，儿童学习不力之主要原因，实由于教师不曾研究儿童心理，故不能顺其自然发展，而将与儿童之经验与生长全无关系的材料教授他们。他们自然不能了解，自然不爱学习。儿童在校外之学习所以如此敏速之原因，实因他们的学习动机，系自己的能力所供应，且为自己所处境况所指挥的。

儿童须有一定分量之自由，其理至明。假如他们的一举一动皆须受成人之管束，一切唯顺从命令，则兴趣与能力便无从表现出来。

4. 自然发展之观念，又引人注意到儿童们在学校以外所得之直接的经验，即儿童在自由发展之经过上，因与自然界及人事界相接触所得之知识经验。凡学校以内之学习，须以此种自然的学习为基本。

学校教育，可以解为增加自然的学习能力之方法。因为儿童在学校中所能习学者，至多不过为人类生活经验与知识中之一小部分。其他部分必须由各个人从自己所处之自然的与社会的环境中获得之。不但如是，学校中所教授之文字符号，若不与实物相联络，也很难令儿童了悟。

5. 自然发展之观念又使我们知道个性差异之重要。在各个儿童间，其能力千差万别，没有两人系完全相同的。关于能力之差异，据多数心理学家研究之结果，多认为系先天的，非由于训练或机会。各种能力差异之范围，据试验所得结果，在一班学生内，其差异为一倍半乃至二十五倍之多。其意即最聪明的儿童比较最鲁钝的儿童，能做二十五倍之工作。

由此，可以看出因袭的教法将全班儿童皆看做一模一样的之不当。我们若是仔细考察儿童之自然发展，即可看出个人的处理之必要；因为群众的处理，将全班皆视为一律的，其结果使聪明的与鲁钝的学生皆感着不便。因此，有人主张废除班级教授，而代以个人教授；其法虽因实际上的障碍不能采用，但由此愈可看出设法对付个性差异之必要。

由前述五项，自然发展观念之价值与其在教育上之地位可以略见。卢梭谓一切人类的工作，社会的环境皆是恶劣的，而主张教育当与社会隔离，使其影响不致侵入，实是他的一偏之见。西洋有一笑谈，说："一个婴儿身上着了许多污秽，即将他拿到一盆水内去洗；洗过之后，因为要倾倒秽水，便连同婴儿一齐抛去了。"卢梭的观念即是如此。当时社会的环境固然极腐败堕落，但是因一时的不满意，便欲将社会环境完全抹煞，亦未免过当。

第十章　教育之目的——社会效率

一、效率之意义

　　在论到社会的效率之前，先将"效率"这字解释明白。"效率"一字通常与效果、效用及效力各字，有相互的关联。此字原系机械学上一个专门名词。譬如，我们要备置机器做有用的工程时，有两件事必须计及：一方面是该机器所做的工之数量及其产品，他方面即是该机器发动时所耗费之精力，如电力、煤油或他种燃料之类。

　　例如，摩托车动作时，燃烧一定数量的油，即能供一定的用；其中所耗去之精力与所供之用之比例，即是决定效率之标准。如有两个摩托车，负重同，速度同；但是，在同时间内，这一个较之那一个，只耗费四分之一的格斯林，则前者之效率即为优于后者。又如，有两种电灯，皆能供给同样强度之光，但是其中之一需要更繁重的发电机，并需要较多的工人司理，如此则此二灯之效率亦生差异。

　　总之，所谓有效率者，即是一方面消费较少的精力与材料。他方面能做较多的工程，供给较多的用途。用最少的费用，得最多的产物，即是工厂所注意之效率。譬如，一个工厂制出价值1万元的货品，而用去9千元的生产费；另有一个工厂制造同价值之货物，但仅用去5千元的费用；此时，前者之效率即远不及后者。

　　在经营工商业者方面，知道一个机器之效率极为重要，营业之盈亏皆系于此。所谓"社会的效率"之名词,即从此出。

人的效率(Human Efficiency)一观念,即系以个人为替社会做工的机器。计算人的效率,即用计算机器的效率为准衡。人类一方面能为社会做有用的工作,但是同时亦须耗费若干物质,以维持其生活,最要者如食、衣、住、教育、医药等费用,正如工厂制造物品时,需用煤炭,石油等。个人所受于社会之恩惠甚多,自不能不有所报答。而在社会方面,社会对于个人从降生以至成人,费去许多资本,当然要从个人得着相当的赔偿。但此种报答或赔偿,不能以金钱计算,所以只有出于服务(Service)之一途。

二、社会效率与社会服务

教育是一件团体的事业。我们设立学校,系欲训练个人,使有充足的效率,以为社会服务。故教育并非为个人而存在,实是为个人所属之群体而存在;教育目的之要旨,即在使人人皆能为社会服务,能有实利的贡献。但是,所谓实利者,并非专限于能以直接生利之事业,如工人、农夫之类。凡是直接或间接帮助促进社会之安宁与进步者,皆包含在内。如教育儿童之教师,抚养子女之父母,研究学术之学者等,亦是对于社会尽其一部分的劳务。

以上所讲的观念,大部分系现代工商业发达上之出产品;初由实业上,渐应用到社会上各种事业上,其目的即是要求最大可能的效率。

社会服务一语,可引用具体的例子说明之。在美国,曾有一种增进健康之运动,其宗旨为防止肺结核,及其他传染病等;其方法则用演讲、图画或小册子,将卫生知识广为传布,如何阻止病源,如何防御疾病之传播等。又如,婴儿保护运动,其目的则系使各个儿童皆能得合宜的食物、衣服、看护等等。每年有一次大会,使无知识的与贫乏的父母,知道如何照应他们的婴儿。

这些运动之主旨,可以说是由于要增进个人之社会的效率。疾病原非不能避免者,若听其猖狂,则足以减少社会上有用的生产,使多数人不能从事有益的工作，实系社会上一大损失。不但如此，那些自己不能做工者，即不得不倚赖他人；于是一方面增加了社会的费用，他方面又减低个人之效率。由此可见，这些运动，并不是仅出于慈善的观念，实同时为增进个人效率之目的。

再举一例，美国已经实行禁止贩卖酒类之法律。这种法律，似乎是出于德义的观念，但是实在可谓之系为社会的效率之故。因为酗酒的习惯，足以减少个人所有做事之能力，减弱他的效率，并使智能衰退。饮酒往往致国家为之负极大的费用。我们皆知有许多罪恶往往由于酗酒所致。国家要为此等人设立警察、监狱、法庭、改善所等，所费已属不资。又酗酒者之子女每致疯癫、白癡、心神衰弱，易于犯罪触法，其害且遗传后代，使社会受无限损失。由此可见，禁酒律并非出于德义观念，实是防止各个人效率之衰退之直接的方法。

现在回到教育本题上，学校应当给生徒以相当的训练，使他们能以为社会做最多有用的工作，而不致成为社会之赘疣。因为游惰者于社会损失最大，他不但自己不能做工，且要他人工作去供给他。例如，中国各省的兵，皆是不生产的，而社会上一般人却要做很苦的工，去供给他们。这般无用的、不生产的人愈多，社会上的负担愈重，自是当然的结果。

学校应当提倡社会的服务，训练各个人使皆于社会有用，能对社会有所贡献。就前举例说，假使教这般兵以一种工艺，或使之筑造道路；此类有益的工作均是生产的，如是，他们即不致成为社会之寄生物了。

三、社会效率之要素

社会效率内容可以分为三方面：

1. 身体的效率（Physical Efficiency），即是关于个人之健全的体格者。

2. 实业的效率（Industrial Efficiency），即是关于个人职业之适合之能力者。

3. 公民的效率（Civic Efficiency），即是关于完全的公民资格方面者。

第一，身体的效率之重要，显然易见；一个人若是没有充足的身体效率，决不能对于公共利益有重大的贡献。一个人生在社会，其所有之知识与健康，不是仅供自己的满足之用，而且要供社会服务之用。至关于发展身体至于健全状态之重要，前章已经论及。

第二，实业的效率，即是指各个人皆当有从事一种职业之能力。这种目的以为必须人人皆有一定职业，然后才能保持一个合度的、舒适的生活，及增进人生之价值及其尊严。有讥此种教育为"面包主义"之教育者，其实这种职业适合之能力，乃是维持一个复杂的文明社会所万不可少之物。从前有人反对专门的职业训练，以为人如果受有一般的训练，自然有操理特种职业之能力。但是此说实不可靠，现时实业日趋复杂，每需科学知识为之辅，尤非经过专门的训练不可。

有人反对用公共的经费来办理所谓职业学校，因为所造成之工人系专供企业家之雇佣，所以社会全体没有扶助这种学校之义务。又有主张平民主义之教育既是要使各个人有均等的发展之机会，所以教育应倾向一般的或一律的，而专门的训练，似乎不免妨碍各个人发展机会之均等。

但是事实上，实在不然。社会上所有儿童，至多不过在小学中可全体受同等的教育，到了小学以上，而中学，而大学，其课程虽是一般的训练，但是能有受此等教育之机会者，实居最少数。名目上虽说是机会均等，但实际上这种机会实在极不均等。故设备各种实业学校使一般人皆能应用，方是真正机会均等。由此可见，实业的训练与效率，不仅是特殊教育之目的，亦是普通教育之目的。

教育应当使生徒明白职业之社会的意义及其重要，学校课程应当与社会的职业相联络。尤为重要者，即凡属良好的职业教育，须使各个人不但能做最有效的工作，而且能享受他的工作，对于工作发生浓厚的兴趣。美国某学者谓现今劳动者之普遍的不满足之状态，非仅由加增工资所能敷平，最要紧的，还是从内心发展出来一个职业的兴趣。由此更可见职业效能对于个人及社会均极重要。

第三，公民的效率即指公民资格。包含一人在社会上所占地位与所有权利义务关系。个人仅有实业的效率而不能参与社会上一切公共事业之进行，还是片面的发展。

公民资格有广狭两义：狭义的公民资格系一个人在某区域内或某国家内，所有一切政治上及法律上关系。如参与选举、陪审及办理其他公益事项等。广义的公民资格则视世界人类不分畛域；彼此间之权利义务关系，完全与本国人相互间一般。此种公民资格，乃是平民主义的教育之最后目的。

公民的效率之发展，在民治国中尤属重要。美国社会学家爱尔乌德氏①（C. A. Ellwood）谓一般人意见多以为公民资格，即公民所当知当行之事，可以由日常经验与常识获得之。这种见解，实在大谬。在专制政治之下，或社会生活状态简单时代，此种通常经验与常识，或者也许能够应付。但是，现今物质文明发达之结果，社会上各部分互相依赖之程度愈形增加；一部分动摇，可以牵涉全身。社会犹之一个大机器，必须有充足的智慧以驾驭之，然后方能安然前进。加之，真正的民治国中，公民须能解决社会上及政治上一切问题，而解决这些问题断非凭不完全的经验与常识所能应付。因此，学校中遂将社会的学科愈看得重要，社会效率之目的，遂成为教育之中心。

在学校中发展公民效率之方法如何？简单言之，最好的方法即是让儿童在学校中，对于校务之进行上负一部分的责任。学校内之社会生活较为简单，一经明白后，将来到复杂的大社会时，自不致眩惑无主，而能明白自己所处地位，与所应负之责任。

四、社会效率说之批评

社会效率之性质与要素，已经大略说明；将前后综观起来，这目的实在有几种长处。除却这目的稍偏于太固定外，大体上实为一个具体的与着重实际的目的；采此说为教育之目的时，我们的工作即可有所依附。但有

---

① 爱尔乌德氏，即美国社会学家爱尔乌德（Charles A. Ellwood），代表性著作有《文化进化论》《社会学及现代社会问题》等。

一点应注意者，此说并非限制个人能力之发展，使屈服于社会的势力之下。发展社会效率之方法，不是用消极的羁制方法，而乃积极地利用各个人的才量于含有社会的意义之作业上，使渐被浸染而向社会方面发展。

反对以社会效率为教育之唯一目的者，大致谓假如我们采之为教育之独一目的，则教育必致成为太偏狭的、实利主义的，而排除理想的或精神的元素于教育以外。如果专注意狭隘的社会效率，则此类事物，如文学、诗歌、音乐、艺术等，即不能有存立之基础。因为这些事物并不能直接令人成为一个更有效能的医生、木工、雕刻匠等。以上这些事物均是智力的或精神的，不是实用的。故照此解释效率，实不免太狭隘，而忘却高尚的文明产物，与个人生活之精神的或理想的方面。

第十一章　教育之目的——文化

前两章已经将自然发展与社会效率两观念阐明。本章讨论文化目的，及其与前述两观念之关系。

一、文化之性质

文化一词，各学者间之解释不同。照最普通的见解，文化（或译文雅）包括优美的社会礼貌之知识及其履行，文学的与历史的典故之熟谙，及运用一两种外国语之技能等。依此解释，则文化实际上乃是一种智识的或美术的琢磨（polish）。此观念可以表出真正的文雅，但是亦可表示外表的装饰（Veneer）。总之，即是斯文人（Gentle-man）之表记，以别于未受教育者。

卢梭氏以文化与自然两者为极端相反者，视之为贵族之奢侈的装饰品。他说："文化非但不能澄净道德，而且正足以借艺术与科学之用，使道德愈加堕落；艺术是不洁之伪饰，温文的礼仪是无礼节之透明外罩，而社会公共生活上之光荣，不过是奴视同类之标记而已。"观此，则所谓文化者，实系私人品性及公共生活上之最可痛恶的记号。文化在教育上简直无立足之地。

卢梭氏之观念引起人文主义派（Humanism）之反动；他们反对教育上之自然主义，而主张真实的教育元素乃得之于与人类过去历史之接触，尤其以过去人类在文学上与艺术上所留之遗象为可贵。英国大文学家安乐德氏（Mathew Arnold）谓："文化乃是古代的思想与知识之最好的部分之熟谙。"他的学说注重我们所有各种能力之调和的发展，而反对片面的观念与过于专门的一种行业。

安乐德氏定义之缺点，在他太专门倚赖于文学的与历史的学科为达到文化目的之唯一方法。自从文艺复兴时期以来，文化一字多是偏于历史上的文化之熟悉，如历史、希腊文及拉丁文等，其后又加上数学的知识。大体上文化与古文学总是互相符合的。但是，近代生活之范围与意义，及文明之资产，已经大为增加，所以文化所包之内容亦比较前者广博得多。

例如，研究历史与外国语，可借以熟悉他国的文明；研究美术，可以使人发生高尚的情操，提高人类理想；研究理科，可以扩大见解与想像力，比古文学尤为有效力。所以，汉勒士（Hanus）将从来文化之内容扩大起来，而解为："对于现代的文明资产之理会、赏鉴及应付之才量。"

总之，文化之目的非纯然实利主义者，其用途是一般的，不是特殊的或片面的。其余各点，俟后段说明。

二、文化目的之批评

如前章所述，以社会效率为教育之唯一目的，既失之偏于狭隘，于是文化之说遂发生。其目的在使人得着一种广博的、普遍的、理想的、自由的教育，以别于专门的或职业的教育。此种自由主义的或广博的教育，即是文化教育（Liberal Education）之根本观念。他们这一派教育者常说，教育乃是造就人，不是要训练商人、工人、农夫，亦非专为训练公民。教育之功用，系启发个人的人格。

但是，这观念亦有其弱点。此说在西方传布起来，即发生了种种流弊。其趋势使教育上偏重与夸张那些于社会无所裨益之事物。在西洋从前教育上极注重古文字与古文学，以为凡是斯文人皆当学习希腊文与拉丁文，因为这是受过教育之表记。

因为学校中所教授者多系无关实用之事物，所以社会多数人遂无暇无力去受这种不吃紧的教育；结果只有少数富裕的家庭之子弟，在社会上占有优越地位者，才有机会与闲暇去受这种教育。至于那些必须做工以维持生活者，自然不能得着此种教育。由此便生出闲暇阶级与劳动阶级之分别。教育成为闲暇阶级之徽帜，渐渐趋于与社会上生产的及实用的生活相隔离。

此种教育系贵族的，专为上等阶级而设。当时没有人想到教育或文化是为社会上全体人类而存在的。其结果使文化趋于成为一种外表的虚饰，而无内里的实在。如同一块木头，表面涂上油漆，发出极美丽的光泽，但是实质上，这木头也许是已经朽腐，无用的废料。教育上文化之目的，即是粉饰表面引人注意，而不顾实际，其实与将朽腐木头涂了油漆，以遮掩其缺点一般。

以上是将文化观念，解释得太狭隘所必然发生的恶结果，但此究竟非文化之正当观。

三、文化目的在教育上之地位

文化目的，简言之，即是以教育之目的，系启发人格、想像力、感情、赏鉴力等，以提高个人之精神的生活。假使我们先将本观念中之谬误的部分删去，而将所含真理表出来，即易明白。

前面第二章第一节曾略说明教育之作用即是培植或启发。所谓培植（或启发）者，是与未制的、粗野的或自然的状况相反。例如，农夫之时时注意植物之生长，除恶草、去害虫、各种活动，即是培植（或启发）植物。又如，铁矿初从矿山采出，与各种杂质相羼合，必须设法加以提炼，始能供人用。儿童生来亦是粗野的，如同野生植物或未制之矿砂一般，若是听其自然，他在各方面必常保持其粗野状况。教育的作用，即是将他从粗野的、自然的状态，改变成为精炼的与完美的状况。

将文化观念与社会效率观念比较之，则文化对于个人没有实际的用途；其目的仅在启发各个人一己之人格，尤以使其心灵上能以欣赏艺术、文学等等，而发生快乐的感情，并非关于某种具体的事物者。

社会效率一说过于着重实际，只训练人去做工，而不问其能否享受其工作之结果及其生活之价值。由此，遂致令各个人成为他人的机械。文化之目的则在使人享受并实现生命之价值。

由此可见，社会效率说太狭隘，不会注意到想像力、赏鉴力等，于改善人类生活上之重要。文化所以必在教育目的占一席地者，乃是因为人类的生活有物质的与精神的两方面。精神的生活，乃是人类的特色；仅仅足衣足食，有健全的身体，有恒久的职业，还不能算已经达到完全的生活目的。此外还须有一个高尚的理想，时时足以鼓励他，向着一个一定目的走去。

文化目的即是要使人人明白个人与群体之关系，自己的职业之社会的意义，对于职业有自动的兴趣，能善用他的闲暇做高尚优美的娱乐等。

四、自然发展与文化

所谓自然，在个人方面者，系指个人生来之禀赋，如生理的动作、反射、本能与才量等。而文化完全系人类社会文明之产物，是极不自然的。但是，两者实在是相关的。

我们要教化或启发一儿童时，自不能不依他的各种才能发达之顺序；不过此种才能仅可为教育之基础或起点，并不能即以之为最后所追求之目标。极端言之，假使完全听任其自然发展，即无所谓教育。

教育固然要顺应儿童天性之自然发展之顺序，但非谓完全听任自然，而不加以指引、教导、启发，否则一定不能达到正当的教育目的。譬如，石油初从矿山中开采出来，是与各种杂质混合的，不能直接供人之用，所以必须用各种方法改良之。一个人生来具有各种天然的动作之倾向，其中如本能即系良者与恶者相混，教育者于此须设法利导之，灭杀之。

例如，儿童本性上有争斗、嫉妒、贪得等反社会的本能，教育之力虽不能将其完全铲除，但是总可依着他们自然的倾向，利导之到有用的道途上去。又如，人生来虽具有各种高等才量，如记忆、思考、推理、想像等，但是如果久置不用，没有相当的训练，使之常与文明遗产相接触，亦断难发展出来。总言之，自然发展供给教育之基础，而文化则为自然发展之所趋赴。

五、社会效率与文化

文化目的在于启发个人的心灵，如欣赏艺术及自然界之美等，以激发高尚的感情，并非直接供实用者，而社会效率观念则专注重对于社会之实在的贡献。前者是理想主义的而后者则是实利主义的，似乎完全相反。

但是社会效率之观念，既是过于着重实利方面，不免专教人去做工，而不顾他是否享受他的工作之产物，以致减消个人之价值，便成为社会的机械；所以必须有文化来调剂他：一方面使个人有最大的社会效率，同时也要注意到个人闲暇之享受，美术之赏鉴等，以启发其心灵的生活。

由此可见，社会效率是关于外面的生活（External Life），而文化则是关于内心的生活（Inner Life），两者实是互为表里的。

实在，文化亦能增进效率。一个人自己愿意从事的工作，及其工作对于社会之价值，显然倚赖他的潜伏在心中之兴趣。此种兴趣乃是他的活动之原动力或兴奋剂。而欲启发这种兴趣，即要依赖文化之助力。

文化目的，如前所述，能以激起个人的高尚的理想，并扩张其见界；使之对于全人类有更丰富的兴趣与广博的同情心，由此以明白自己在人类社会中所处之位置，及自己与他人间之相互依赖关系。从此自然能以发展出来一个为社会服务之理想。

我们须记得，一个人的快乐一方面固然依赖他的工作之用途，但同时也要能享受他的工作。那些没有兴趣之工作，虽然可以达到实利的结果，但是，我们须知没有兴趣的工作乃是苦役；而有兴趣的工作，则不问其苦乐难易如何，总是快乐之不断的泉源。

六、结论

由上所述，可见社会效率、自然发展、文化三目的并非互反，实在是相成的。所以完美的教育目的，并非要特别重视其一，而遗弃其他，乃是

第十一章　教育之目的——文化

要将三者调和起来。

自然发展与社会效率之关系极容易看出来。社会上最能做有效用的事业者，必定是身体与心灵发展最完备者。又工人应用各种工具制造有用的物品时，他一方面固然对于社会有直接的贡献，同时亦可辅助身体之发展。反之，身心之自然发展受阻碍者，如酗酒者、精神病者、官能不完具者，则不但无社会效率，且要成为社会之寄生物。

譬如，科学试验室的工夫，固然是偏重效率的工作，但同时亦于文化目的有所贡献，不过在教育者所用之方法如何而已。假如老师心中存有文化目的，他在教授理科时，即可使此科不只为实用的学科，而且使之成为启发思想，发展精美的嗜好之用，因为科学上之事实与原理，极足以扩大个人的见界，使与自然界间有更亲切的接触。反之，文化教育有时亦可成为偏狭的，若是他专注重教人赏鉴美术品、音乐、文学等，而漠视现实社会上各种现象与问题。

文学、艺术等之主旨在扩大个人的理想，如俄国托尔斯太的文学，即是善能扩大人类理想的。从前一般文学家多欢喜替皇家歌功颂德，描写贵族社会之繁华富贵；托尔斯太却专描摹俄国可怜的无知识的贫苦无告的农夫与普通人民之生活，因以引起社会上一般人的同情心。英国大小说家迭更生氏（Dickson）①之小说亦属于此类，最能激发一般人的同情与想像。

但是，实际上足以启发人类之想像、思考诸能力，而扩张个人之眼界者，实在不限于文学，自然界一切现象，现实社会状况之研究均能有相同的效果。可见，社会上有用的工作，亦能对于文化目的有所助力。

再举一例，以缝纫、刺绣，通常认为女子之特别职业，此技能固足使妇女成为良好主持家政者，具有社会效率，但是这种工作并不一定为狭隘的或片面的。因为从她们所用的材料、图案、工具等，可以引到关于此种工作之历史的发展及其与人民习俗之关系；更推而进之可及于图案之原理，各国妇女之装饰习尚等。由此可以扩大她们的见界，增广她们的想

---

①　迭更生氏（Dickson），即狄更斯（1812—1870），19 世纪英国现实主义小说家，代表作有《雾都孤儿》《双城记》等。

像。岂不是也能达到文化目的吗？

总之，教育当以自然发展为起点，给儿童以一定工作借以训练他们的能力；同时，所教授之材料应当广宏，能以启发他们的想像力及美感等。又自科学昌明，征服自然界以增进人类物质的生活之幸福日形重要；故现时要想提高生活程度，自当首先增加各个人生产之效能，使能为自己兼为社会谋幸福。由此可见，自然发展、社会效率与文化三者乃是要达到完全的教育目的所不可或缺之元素。

第十二章　兴趣与训练

以前三章所述之教育目的，系泛论教育全体之目的。本章所讲系特殊方面的，即教师对于学生所持之目的。于此有两个相反观念：一派以为教育之目的应注意学者之兴趣（Interest），另有一派则以教育乃是给生徒以一种训练（Discipline）。

关于训练与兴趣两观念之意义与真理，后文有详细的解释。表面上这两者似若是互相反对的：注意兴趣者以为教育要适应儿童心理，使之发生兴趣；而注意训练者则以为儿童须受严厉的训练，方能获得真正的知识。

一、兴趣与学习之动机

现先讲通常心理学对于兴趣之解释。通常多以兴趣是与我们感情的（Emotional）方面相连的。所谓天性之感情方面者，即是爱情、希望、恐怖、怨恨、同情、嫌恶等。

兴趣既是伴随人类天性之感情的方面者，教师即当注意之、利用之，以为教育进行之导线。但是，在实际教授上，教师之对待儿童每以为他们是处于被动地位，当承他人之命令而动作，如教他们如何写字如何读书，如何做算学问题，如何服从校章等。总之，他们所注意者只是实行的方面（Doing Side）。其实在学习上面应当用智力时，感情方面亦极重要。因为生徒对于学科之好恶与学习之成败，其间有极大关系。

兴趣何以重要？简言之，即因为他能供给学习之原动力。在儿童学习时，心中必须有一种促令他们乐意学习之事物；教授某学科时，须将其与儿童欲学习某学科之动机联合起来。在学校管理方面亦然，学校强迫儿童必须服从规则，而不注意他们的好恶，一定要遇见困难。根本言之，凡是做一件事，须有一个原动力（或动机）为之副。这原动力乃是令人乐做或勿做某事之内部的力量（Internal Force），这种力量常伴随喜恶之感情。

二、兴趣之意义

前节已说明兴趣系与我们的经验之感情的方面相连，乃是学习之动机。现再进一步解释，用一组可以表出这字义之同类的字表明出来。我们常说，某人心中为一种快乐所感触（Touched），或为一个动人心目的故事，朋友遇见否运而受感触，引起怜悯、悲戚的感情。这个即是个人与外物间之心的接触所引起之影响。

感触与冷淡（Indifference）恰相反对。前者在心中发生一种同情心，而后者则是漠不相关之意。此外尚有各字，如关切、顾虑、嗜爱等字，均是指我们日常所见或读及之字句、实物或事情，以致感情方面发生一种影响。这种感情并非一瞥即逝，实能深入心上，而鼓动人去为某种动作。

同一件事，对于两人感情方面所发生之影响往往绝异。有许多事实或理论，在科学家或哲学家视之，以为所关甚巨，而在平常人视之则视为漠不相关。又如，我们读历史时，有许多重大事件，将全世界都改变了；但是对于我们感情方面之影响，尚不及发生于我们的邻舍或朋友身上一件意外事故。其故即在前者与我们无直接关系，而后者则较为关切。

我们对于一切发生之事，总不外被其鼓动激起或淡然置之。由此可见，兴趣乃是外界与自身间之接触点之记号。只要外事与心灵间有接触，即能发生兴趣；至其物为何，则无关重要；历史、地理、数学或科学的观念，只要教法得当，无往不可以引起人的兴趣。

但是，前面所述之感情，还不过是兴趣之基础。兴趣之自身更须有一个目的之观念（Idea of an end），即是鼓起兴趣者，要为达到某目的之观念。兴趣之价值，不是仅因其能鼓动或激起某种感情，最重要者乃是将他鼓动起来为某种行动，以达到一个将来的目的。

例如，往戏院看剧者，看到悲惨的剧情，有时至于声泪俱下，低徊不置；但是并不能说是引起他的兴趣或关切，因为戏剧并不能影响及于他所要做的，且无一定目的可达。但是，假如有人告诉他说：有一个朋友正陷在危难中，此即足以引起友谊的感动，起而为一定动作，去救他的朋友脱离危险。此即我们所指之真正的兴趣，因为不止引起感情，鼓起他为某种举动，而且他的举动是要达到某目的者。

由此可知，所谓对于某事件之兴趣，或做某事之兴趣，意思即是要完成某结果。一个儿童听见一个故事，为之十分感动，还不能谓为兴趣；若是除此种感动外，更引起他欢喜读书，方得为真正的兴趣。至于仅仅默坐静听，而不能引起他为别种动作，即不能算作兴趣。反之，若是这儿童受了鼓动因而要读书，搜寻其他有兴味的故事，并加以努力，这种有所欲达之目的，方是我们所说的兴趣之真实的意义。

三、兴趣在教育上之重要

关于兴趣在教育上之重要前节已略涉及。通常教授上每漠视儿童生活之感情的方面，视之为纯然智能的生物（Intellectual Being），而忘却他们本性上是富于感情与欲望者。所以，教授各种学科时，只是强迫他们去学习，去求知识，不管他们的爱憎如何；视儿童为实际上具体而微完备的成人，有学习之能力。人类犹如一个智能的机器，可以搜罗及储蓄各种事物，所以他们的思想与感情便可弃置不问，兴趣之有无亦不足重轻。然而，人类实在并非智识的机器，实在皆是有欲望、有感情的生物。

此观念在教育上有极不良的效果。教育者若是一意孤行，不管教材之足以引起学者之好恶，及学者对于教育者之期望，一定难收满意的结果。我们给学生以数学课时，若是只将他们当作智识的生物，而不问其欲望，及所欲达之目的，当然不能令儿童对之有充分的注意。

假设有两人要学习英语：其一心中本无一定目的，只是因为学校中定为必修科而不得不习；另一人则本有一定目的，想借此将来可以研究西洋学术或游学英美；于此他即有一定目标，不仅是为英文而学英文，他心中另有欲达之目的。于是兴趣即可发生，他逐日所做的皆是向着某种目的之成就做去。

由此可见，教育儿童时，第一步应当极力发现儿童们现时活动所倾向之动作及其计划，因而设法帮助他们完成他们所要做的事。我们若能给儿童以做某事之机会以并使之明白所欲达之目的，此时他们自然愿意学习，正如一个人心中有留学西洋之动机，即能使之明白学习外国语之重要一般。

四、通常对于兴趣之误解

有许多教育家反对兴趣观念，但是详细研究之，他们实在多是出于误解。有些人将兴趣与娱乐相混，或者以兴趣为感情之直接的激动。其实，兴趣乃是与我们所欲达到之目的或所希望成就的事相连的。在学习之事上亦是这般，生徒所做的事，须与他们所欲达到之目的相连，方能鼓动他们发生兴趣。

一个人到戏院观剧，看到滑稽的情节，往往觉得很快乐，不觉手舞足蹈起来。但是，这不过是娱乐，不是发生兴趣。因为这层与个人所有计划或目的上没有关联。戏剧固然可以激起他的忧愁、快乐、悯怜诸感情，但其意义总是表面的，与他所做的事没有关系，亦不能令他为任何举动。

做教师者若是误解兴趣为娱乐，在教授时极力使学生直接得着快乐，如用音乐、游戏、宴会等，以引起儿童之注意。但是，结果不过供给他们片时的娱乐，不能达到较高远的目的。其实，此事并不能证明教育上不应当注重兴趣，因为他的解释已先陷于错误。

此类只注意目前的娱乐，与将教材弄成极干燥无味，使生徒望而却步，其效果相同。教材太枯干、太死板，生徒自然要规避，因其与他们的动作及其所欲望之目的没有联络。反之专注意娱乐，只有现时的愉快，亦不能鼓起生徒的向上心，使他们乐意去做一种可以发生效果的事；徒令之常依赖娱乐之诱引，到后来必致专寻足以供给娱乐一类事，而规避一般需要努力的事。我们有时看见有些人极爱读小说、听音乐，但是看小说、听音乐虽能供给他们片时的娱乐，终不能鼓励他们为某行动。若专恃此方法以为鼓动他们学习之媒介，恐怕终要养成一种不良的习惯，事事皆依赖他人为之布置妥帖，让他来享受快乐。

我们反对以这种娱乐为教育方法，因为他足以斲丧人的独立意志，即成就某事业之精力。对于生徒，应当使受一种训练，加增他克服阻碍物之精力；若是一切都为之布置妥帖，使受教育者但觉得快乐，其效果最足以使他对于处理后来所遭逢困难之能力衰退。

五、兴趣之两种要素

试再举前所援引之例。同一班次，两个学生同学英语，其中实有极大区别。其一志欲往西洋游学，于是对于英文学习即特别发生兴趣，因为他的学习与他所欲达之目的中间有关联。其他则心中完全无外国游学之欲望，亦无借英文以为研究科学之门径之心，其兴趣自无从发生。教师即是将功课弄得极容易，给学者以极多量的愉快，使他们毫不感着困难，亦不能收效。此中区别，简言之，即前者鼓动学者去做一定事，能在心中引起兴趣来；而后者则完全依赖教师为之供给娱乐。若是娱乐停止供给，即一切归于乌有。

由前所说明，可见兴趣含有两层意义：
（1）现在的享乐；
（2）达到将来的目的之动机。

教育上所谓兴趣必兼包容此两者；若是偏重第一要素，其结果极危险，因为如前所说明，养成学者依赖娱乐之习惯。故尤必有第二元素，以鼓起他的精力，使能达到一定目的。

以前所主张并非谓将一切事物之进行化为愉快的之举，毫无价值；娱乐有时乃是兴趣之起源，但是不可即以之为目的。有时，一个儿童由玩弄一个小汽机的玩具而引起他对于机械构造之永久的兴趣；父母或教师对于儿童表示赞许与同情，亦可鼓起他们去从事为达到某目的之工作。故以前所以如此主张者。乃是因为专靠娱乐方法，不免令人见难退却，并非谓娱乐一定要排除于外。

六、训练与努力

照心理学上解释，可以说兴趣与欲望相连，而训练则常与努力（Effort）相连。所以训练与兴趣之关系，正如努力与欲望之关系一般。

何谓努力？通常说某人对于某事非常努力，或某人不曾有充分的努力。照此用法，所谓努力者，便是克服困难，及应付障碍之精力。各种事体每不能进行顺利毫无阻碍。在我们现时与所欲达之目的，其间每有不适意事故发生，足以阻碍活动，为我们所不易克服。于此便需有应付之力或意志力。我们常说某人具有强固的意志力或坚强的品性；测量此意志力时，即看他们做事时之努力如何而定。一个意志力薄弱者，遇见困难时，若遇一次尝试失败便要非常沮丧，将此事抛下而另图较易之事。总之，所缺乏者便是努力。

我们须知无论做何事，总常遇见繁杂与困苦，我们要想成就一事便当努力，奋勉前进，以获得所期之结果。因为努力在人生上如是重要，所以有些教育家即非常注意训练。他们的主旨即谓从儿童幼年即当训练其意志力，养成忍苦耐劳之习惯，使遇事能够努力。换言之，即以教育乃是训练儿童，使能集中思想与注意于一件事上。因以增加其对付困难之能力。

七、机械的训练与智能的训练

训练可以分为两种：即外部的（或机械的）与心灵的（或智能的）训练。所谓外部的训练者，如工人之随他人意旨而从事工作；而智能的训练则指规定目的并将其实行出来之能力。

详言之，外部的训练之目的，是要使被训练者服从或屈服于在上者指导之下；在上者心中具有自己的目的，而被训练者之任务即是执行他人所抱持之目的。此种训练多得之于反复的练习或操练之历程。至于在智能的训练上，则本人有规定自己的目的之能力，系关于思想方面者。两者所以都称作训练者，乃是因为他们的活动皆是关于目的之执行与远距的目的之成就者。

凡属目的大率都是遥远的，我们欲获得结果，往往要遭际困难，于此必须有持久心以克服之；否则必致因阻碍而丧心失志，或另思为别种图谋。可见，训练之使有持久心，能坚持所事，遇有困难，能奋勇克服，乃是必需的事物。这种持久心或克服困难之毅力，有时系来自外部的压力，有时系由内部所发生之快乐。

用具体的例子来说明：譬如一个人想成为医生，此系一遥远目的。他因为心中存有达到此目的之观念。于是兴趣油然而生，很热心地着手习学。但是进行不久，每每遇见各种困难与苦痛。因为要达到做医生之目的，自然要夺去他许多娱乐、社交之时间，牺牲多量的费用；而要成为胜利的医生，又需苦心孤诣为极深沉的研究。于此，若非受有训练，使有持久心，恐一定不能制服此等困难，终且抛弃所事。又如，儿童之制作一匣或一风筝，也算是遥远的目的，他们学习写读算等，亦是遥远的目的。在进行中当然要遇见种种困难，所以训练亦是不可少的。至于保持他们继续工作不辍之压力，则系得之于外部的逼迫，或由内部的兴趣所激起之努力。

在多数学校中，多将外部的训练比内心的训练看得着重。学生之学习地理、历史、数学等科，其目的乃在于应用或成为专门学者，皆是一种遥远的目的。于此维持之使继续前进者为何？通常并不是学生自己有目的，因而发生兴趣；实在由于教师或别人的意旨所驱迫，而不得不如此做。总之，此种外部的训练乃得之于别人之指挥，并非出于内心。

试就大规模的工厂作例，资本家拥有建筑物、机器、原料等，所出产品之销售运转亦是资本家专其事。工人除制造外，其余皆不得过问。他们所得者只是工资。机器之用，为制造货品，而制造之目的则为销售。制造与销售，其间距离是遥远的。实际上使工人能持恒心向此远距目的而工作者为何？照一般情形观察，显然是由于外部的压迫；他们为维持生活不得不做工，此外并无他种目的。在一工厂中，指挥设备一切均由经理人主持之，而工人于计划及目的上，完全不得与闻。他们不能了解该事业之全体的意义，更不能了解机械之科学的原理。所赖以维持继续工作者完全由于他人之指挥命令，及为生计起见之外面的压力——外部的训练。

再就政治的社会说：在一个专制的社会中，其情形一如前例中之学校与工厂一般。此社会之目的，系由管治的阶级规定，他们自有所欲望达到之观念；而一般平民则受其指令去实行所欲达之目的。每有一种举动，只有在上者心中了解，而平民往往完全不知此举动之意义。例如，野心的政府为自己的荣耀或私欲而操练军队，制造兵舰，甚至与外国开衅，但平民则往往并不解为何缘故。

在平常一般学校中，凡教授一种学科，大概只有教师一人明白教授之目的。生徒则完全受教师之支配以实行教师之目的，至于为何故如此做，则非他们所能了然。如前所举各例，皆是含有多量的外部训练，而缺乏智能的训练，使自己能规定实现所欲达之目的。

外部的训练与智能的训练，其重要区别即在前者系自己实行他人心中所欲达到之结果，而后者则系自己具有目的。我们若是对于某事自具有目的，即能了然于某事项之真相，且能预见其结果；由此可以选择与安排各种方法，以执行或实现所预见之结果。我们使用打字机时，自然要用手与目，但是我们的目的并非练习视觉或触觉，乃是要达到心中所期望之目的。视觉与触觉乃是达到结果之方法。

由前所述，可见训练共有两种：一种是外部的，足以限制心灵；一种是内部的，可以增长心灵。

用实例解释之：在工厂中执行制造事业时，假如系自己所有的工厂，即能选择所用的原料与工具，采取某种生产方法及决定生产之数量。于此，既是能明白自己所做的事之目的，即可制驭工厂之全部的事业。但工厂中之雇佣工人，则各人仅司一小部分事，至于完成全体目的所需要之其他程序，则完全不知。其结果即是使他的智慧发达受阻碍，而无预见结果之机会；只是承他人意旨而工作，宛同一件机器一般。

在学校中亦是如此。若是教师仅命令学生做这件事，禁止学生做那一件事，而不使他们了解所以命令或禁止之理由，其心灵上所受影响与前举工人之例同。以此方法训练儿童，结果虽然能练习某种特别技能，但是因为不给他们以思想之余地，结果必致妨碍心灵之发展。

八、训练之两要素

关于训练之价值，可以简单说明如后：生徒应当受一种训练，使能应付困难或逆意的事，使勿见艰难而退避不前。教育上须注意此种训练，否则生徒之意志力必致衰退，成为放纵的、无效能的人。这种应付困难之恒久心乃是训练观念之最重要的真理。

多数人总是不愿遭逢、抵抗或阻力，因为这些东西皆不适人意，令人抛弃所抱持之目的。试就各人平常所熟识之友朋考察之，看他们实际上遇见困难时则如何？在一般情形之下，多数人总是少为尝试一下，若遇失败，便立即屈服；只有少数人遇见困难或阻碍之刺激时，能以兴趣激增，用全副精力去克服之。但此与一个平常皆在优游的生活中，一旦遇见困难便愤怒、暴跳、不可终日，一若将以全部精神，为最后之决战者不同；因为此等暴躁的人，所有努力乃是冲动的、刺激性的，而非智慧的，不久即要冰消瓦解，而仍归于失望。至于真正的训练，则是要使人遇见困难时，能以激起一种智慧的（Intelligent）努力，而用之以从容不迫地去对付所发生之困难。

由以上所述，我们可以将训练综括起来分为两要素：

（1）激起精力去战胜困难；

（2）这种努力须为智慧的，恰能适合克服困难时之要需。

通常兵卒须受一种应付不适宜的困难之训练，因为他们常与那些危险的境况接近。又训练亦可说是使人受相当的训练，遇见抵拒阻碍时，仍然能不被扰乱而能依有秩序的方法去动作。这两者在教育上都是必要的。

九、通常对于训练之误解

如前所述，有许多教育学者以为兴趣与努力相反，其实两者实有密切关系。通常欲望愈强，往往努力愈甚。而欲望不存在时，即容易令人沮丧。有些人将训练解得太狭隘，以为注意训练时，课目尽可极艰难，极无趣味，因为如此最能训练儿童的注意力。所以，教授时往往将教材编成极死板、极难解，并指令他们去做极不适意的事，以为足以激起他们全副的精力，而增强其品性；否则他们必致常常希望容易的工作，而畏当艰难之重任。

其实，这观念是谬误的，它以训练与兴趣两者立于反对地位，但两者实在是相伴而行的。譬如，有一个人很有兴趣于山东问题，固然是一个爱国者。但是，当其着手为国家做一部分有用的事业时，不幸遇见障碍，便裹足不前；这固然是努力不足，但是根本原因，还是因为他没有充分的兴趣。

以前所讲皆是本观念一普通的意义，现专就教育上说。这问题与学校之课程最有关系。所谓学科通常皆是指课程表上所排列之学科而言。在因袭的学校课程上有历史、地理、数学等科目，这些学科皆是编制成功以供学生之学习。编订时既是凭成人方面之观点，如何能希望学生们有一个自己的目的？如教授数学时，只教他们背乘法表、诸等表或比例公式等等，皆是教师之目的，要生徒如此如此。至于所教者与学生日常生活有何关涉，则一概不问。如此既不能使之发生兴趣，当然不能望其努力学习。这件失败，实由于忘却儿童学习某学科之动机。要解决这问题，须注意生徒之需要，与此种知识之用途，看他对于生活与经验有何关系。如是，自能引起学习之兴趣，向前为自动的精进。

十、对于前举错误之救济方法

前述现在教授上，多是将现成事物给与儿童，目的并不在他们的需要与用途，只是学习而已。如教授地理时，开始即将太阳系、八大行星、日月蚀等等各大天文学家所发现之事实为教授之材料。此等事物对于他们的生活经验完全不相干，结果当然要失败。

救济之方法：就地理学言，教授地理之最好的方法即是从关于儿童自己的经验与问题起首，即是儿童自己所有的地理知识。譬如，从儿童所住居之住居起首，此屋系城市之一部分，在街道上占何方位与面积，邻近的河道、城市、铁路之关系等等，皆是儿童所能了解之普通地理知识。这些事实似若关系甚小，但在儿童看来实是很重要而有趣味的。此方法较之对儿童说某处有一座山，某处有一道水，某处有一个岛等容易收效。

至于此外有些事实亦极重要，但不能用直观方法时，我们即可利用儿童的想像力。我们常见儿童们在图画上看见装饰不同、形貌奇异的外国儿童时，便非常高兴；此种兴趣大可利用之，以教授关于别国之其他事情。可见，地理科之主要价值，不在现成的教材，而在从儿童之直观与想像上之经验起首。地理科之教法可以再详为说明如后：

1. 表演的方法，即是将地理上的事实，设法表演出来；如教授山水平原之关系时，即可于大雨之后，将儿童们引到郊野，就新雨过后地上之行潦，指明这些关系；高地的水向低地流过，因为继续的流动，将地表作成许多沟渠之状，由此即可使儿童明白山岭河流之关系，且引起无穷的兴趣。

2. 教材之要素或原质最好是具有活动性。例如，说明大山之如何构成，即是有活动性的，比较只说明山之外形位置，更能引起兴趣及想像来。

总之，在一切学科之教授上，若是可能时，最好莫如让儿童去做某事，类如作图、演戏、历史或故事之表演等等。教授数学时，只教以 2 加 2 为 4，不如给他们 4 只石子或木棒，让他们做成一件东西。如此，总比使他们保持一种受动的态度较好。因为做事可以创发兴趣，而兴趣又可鼓促做事精力。我们一方面有了兴趣，立即可表着于做事上面。若是给与儿童一件事做，他们兴趣即可发生，鼓起努力。否则，兴趣必定要向着别方面去。要之教育上最可恃的方法即是使生徒为表演者，不要为旁观者，然后才能发展兴趣，引他努力向一定目的做去。

第十三章　经验与思想

一、经验之要素

经验有两方面的意义：一方面是自动的（Active），如做试验或执行某事；他方面是受动的（Passive），如容受印象或接收感觉等。自动的与受动的元素合并起来，即构成经验。兹分别说明如后：

1. 试验（Experiment）与经验（Experience），其意义相似。试验通常系专指科学试验室中之动作，但是扩其意义，亦可包举极单简之日常经验。例如，幼儿看见一点白色的物件，心想以为是糖，随拾起送到口中略尝之后觉得有甜味。此即系先为一定动作而观察所发生之结果，即为一种试验。其性质与科学家在实验室之所为，性质相同；所不同者，仅在手续之复杂与简单而已。

试验系先为一定举动，而观其所发生之结果。但试验之后所得结果，往往与所期望者相去甚远。如前所举例，幼儿看见白色的物件，以为是糖；但放在口中后，竟尝出咸味，始知是盐不是糖。

经验皆是由做事得来。我们一举手一投足之劳，在外界皆能发生一定影响，即可由此获得一种新经验；若是有所举动，而全然不能使外界发生变化，即无经验可言。

2. 在受动的方面，即是经历（Undergoing）之意。例如有一小孩，以手触火炉，随而觉得手指有热与痛之感觉，由此亦可增加他的经验。

但是，若此小孩年龄太幼稚，不能明白其手指之痛楚与触火炉两者中间的关系，则结果不过是躁急号哭，并不能得着真正的经验。反之，他如果能明白手指苦痛与火炉中间之联络，他即可由此得着一种新经验。

二、印象与表出

人类的精神作用有运动的（Motor，即是表出，Expression）与感觉的（Sensory，即是印象，Impression）两方面，此系心理学上所当说明。凡曾经研究生理学者，皆知在神经系统上，神经中枢接受从各部分所来的刺激（即感受印象），随而发为相当的动作或反应（即是表出）。故表出与印象两者是有密切关系的。

假设有一块石头忽然从空中落下，我们最初所得的感觉即是此石碰撞他物之声响。室内之人听见声响即急速移动身体位置或径跑出屋外观其究竟，是即为表出。出屋之后方看是该石之形状大小等，则又属感觉的方面。由此可见，感觉与表出两方面，总是互相关联的。

在通常情况下，皆是先有印象而后有动作（或表出。）如前例所说，先是听觉报告我们有物下落，然后发而为相当的动作。实在，印象与感觉乃是成为一个环形的，先后不易辨出。人类之感觉与动作，循着这环绕转不息。例如，石未下坠时，我们可以先创造一个境况，即为某动作，致石头下落，由此得着一个印象；石既下落，我们又可为他动作以应付之，如是则印象亦可在动作之后。

如上述，我们常由做某事而得着印象，所以所受之印象若不同时，则人所表出之动作亦因之而异。动作既因印象而变更，似乎印象总应当在先，然后才能影响我们所做的事，由此便可决定行止。儿童以手触火，所得之印象为灼伤与苦痛，及其将手缩回时便觉得又是一种感觉。由此可见，我们所觉的与所做的，常互为因果，继续去下，并无先后之分。

旧心理学大概多是建筑在感觉上，以为心灵仅是受动的容纳感觉，将感觉组织起来便构成心灵。但实际上，没有一种感觉不与我们所做的事相连。现时感觉所得之结果，即是将来做事之参考资料；而现在做事时，又莫不回顾过去的经验。

三、预料与经验

精神作用有动作与容纳两方面，既如上述。所谓容纳即是由动作或做事上所得的印象之观念，而动作方面则含有对于某事件结果之预期或预见。

从科学家之做实验，可以得着一个明显的例子。他先要有一个观念，即造出一个假定，然后将各种化学品配置混合起来，看能否发生所预期之结果。再用较简单的例子说，如儿童看见粉笔，误以为是糖，拿来放在口中咀嚼，方觉得不是糖，此亦系由预见或预期所由发生之动作，因而增加其经验者。因为儿童由此可以得着关于糖与粉笔之简单观念，且试验出他所预料之观念。

我们经过了童年期，因为先已有了许多预期与预见，此后遇着极单简的事物，即无需停止去思索其所将发生之结果。由此，我们所有的动作即可专向着将来，本着此种预料造成一个计划或目的。因为我们已从经验上知某事常与某事相伴而行，故可由此预料将要来到之结果，预先造成一个将来的目的。

预料乃是人类心灵之特质，石头、植物等，皆无预料之能力以辨别自身所处之地位。即是多数兽类、鸟类之穴洞构巢，虽亦似有预料能力，但究竟是出于本能的或冲动的，不是智慧的。只有人类能用他先前的经验，设定一个将来的计划或目的，然后将预料一步一步地实行出来。此类预料将来所要发生之事，乃是人类心灵之特点；人类之心灵能及于现在以外的事物，岂非一件神奇的事？

四、身体活动与经验

如前所述，经验有两方面：一方面是自动的、运动的、做事的、试验的；他方面是受动的、容纳的、经历的。两者合并之结果，即是经验。人

第十三章 经验与思想

类心灵无时不在活动中：一方面感受外界印象，随而发为相当的动作；他方面又能先为一定动作，以引起特种刺激。在精神作用上，感觉与运动两方面是成一环形的。

精神作用之基础为神经系统：神经系统之组织，发轫于中枢，而分散到全身各部分；复由全身各部分之神经纤维，将外界刺激传达到中央，于是发为相当反应，即为动作。如有粉笔一支于此，既与眼接触即在网膜上做成一个印象，复由视神经传达到大脑；于是发为动作，将粉笔取在手中，此为先有感觉而复有动作。既将粉笔拿在手中后便觉得他的重量与粗滑，此则先有动作而后有感觉。两者之先后原无一定。

由前所述，可以看出使用身体或身体活动在教育上之重要。学校中通常有体操、游戏、手工等学科，其价值即在此等学科能经由身体活动而获得完备的经验。

我们批评学校，尤以小学校之成绩，即看所授学科能否给儿童以一定数量活泼的经验，凡欲获得完全经验者，非由身体活动不可。口头说教授与经验应当联络，是一件极容易的事，但是，实行出来却就非常困难。实言之，所谓经验者，在学校中必由工作而供给之。但是通常学校之教授只是给儿童以一本书去读，如此所得的知识或经验必然为不完全的，因其多属于劳动的与容纳的方面者。他们于儿童读书时，则极力限制其身体其他各部分的动作，使目不他视专注意于书本；因之其所有唯一的活动，只是从印出纸上的字，逐一印入目中而已；教师讲演时，他们只是聚精凝神，倾耳而听，将声音装进耳朵内。总之，在此等学习中，实在只有极少的身体活动之余地。

对于前项教法，在幼稚园中可算一个例外。他们多由抟粘土、剪纸、结绳等，得着许多身体活动之机会，并由此获得有用的经验。在一部教育史上，除卢梭、福贝尔少数人而外，多没有将儿童身体活动视为重要者。他们每喜令儿童学习时，身体静默不动；其意以为身体的活动与心灵的活动系相反的，甚至以为要确保心灵的活动，须限制身体之活动者。此论对于年龄较长者，或者也许有几分可信，但对于儿童实在大谬。在儿童生活中，印象与表出两者之联络非常密切；他们得着一观念或想像，随时即想表现于游戏上或演剧上，而不愿将其贮蓄起来。若是只许其容受许多支离的经验而不容其发表于外，必致发生如后节所述之弊。

五、限制身体活动之弊害

限制身体活动，即是专门强迫儿童去接受外面的印象，而不使有发动行为。此等禁制或压迫所以有最坏的结果，其原因即在于他反于感觉与运动中间之自然的倾向。通常我们感官所接受之印象或观念，每每非待为某种动作后，不能使其意义完备。如眼感受一印象时，手即自然地要伸出去捉取之，以明辨其究属何物。儿童们尤其是这样，他们的运动是紧随着印象的。试看儿童们，尤以幼儿，无论看见何物体，总想伸手去取来摩弄把玩；甚至看见树上的鸟，云间的月，也想伸手取来，便是最明显的例证。

但在学校中每反于此原理，学生唯一的事即是静聆教师之训谕，完全不使有手足各部或身体活动之机会。此种抑制既是与他们心理上之自然趋向相背而驰，当然产出后举之恶果。

1. 神经紧张（Nervous Strain）：儿童的天性是生来好动的，这种抑制法自然要使学校中充满了不自然的空气；教室以内充满麻木不仁的情态，时时易触动儿童之扰乱行为；使教师觉得维持秩序非常困难，且时有溃决破裂之虞。

2. 无秩序的暴动（Disorderly Explosion）：儿童之喜活动出于天性，若不能善为利导，所贮精力过剩而无发舒之途，必致因充溢而溃决，发为暴动、狂乱，不可抑制。此决非用压制方法所能消弭。儿童在校受极端之压制，一旦出校便易为无秩序的骚动，如挥拳殴打之事，不一而足。补救之方法，非责罚劝诫所可为力，只有导之于正当的、有秩序的游戏，使其精力有正当之发舒方可。

3. 对于学科之嫌恶（Dislike and Aversion）：抑制身体活动，既是反于他们自然的倾向，其结局当然要致他们嫌弃所从事之工作。因为此类工作既是太不自然、太苛刻，遂觉得非常艰难，时时想避免之而做他种适意的工作。我们常见有些学生在教室中似乎很注意听讲，其实他们心中别有所思；又如有些私塾学生，口中高声诵读，而瞥见教师不注意时便为种种恶作剧。

4. 丧失创发力与勇气（Loss Initiative and Vigor）：儿童因为日日惯在此种压制的情境之下，久之不知不觉中便要养成一种静伏的、受动的习惯，终又必致只知服从指使，失却自己的创发力与任事之勇气。

假设有一个儿童，从幼年起即不使他有身体活动之机会，使无发表之动作，但同时仍然能保持其健康的身体状况，并四围有极高明的父母与教师，日日将许多故事与知识装满到他的心中。此种静谧而无活动机会之身体，将发生若何效果？我们可决其虽然或者可以成为一个很富有书本知识的、深染书卷气的、读死书的学者，但是可决其不能有发明力或创造力，不能发起一种新运动或独立的思想；他的经验因为不与他人经验相接触，必陷于孤陋寡闻。总之，一定数量之身体运动对于身体之自然发展及心灵之发明力之启发，乃是必不可少的。

六、压制身体活动及于经验上之影响

当运动或反应被阻碍，或者减抑至最小分量，以致没有充分活动时，即不能获得有用的经验。动作成为机械的、故辙的，缺少意义与目的。

其实在教授与学习上，无论如何决不能将一切动作完全抑制下去。例如，我们要儿童记忆某事实时，虽然可以禁止他手足等动作，但是读书时总不免要使用目耳与声带，此中即是含有身体活动了。又如，背诵时也要用口，写字时必须用手与目等，可见筋肉活动，无论如何实在是不可避免的。此种限制之结果，不过徒使此活动成为机械的、故辙的，只附着极少的意义而已。

稍为旧一点的心理学，差不多皆认感觉为智识之源泉；目耳与口乃是观念输入之阈或达道。依此种心理学，一切观念既是由感觉而达到心中，则经验之要素只有受动的或感觉的方面。照此则儿童到学校中，只要静坐在那里，一本书反复诵读；于是这些观念——经验——即可由此传达到心灵。其实感觉或感官作用只能将所受刺激传达到中枢，然后由中枢命令始发为动作，论其原始的机能并不能直接将经验收积起来。

譬如，一只狗在道途上且走且嗅，它并无科学的好奇心，它是要发现某踪迹之为朋友或仇敌；它并非由此要造成一个经验或观念，乃是要寻出事物之真相，自己好为相当的反应或动作。可见，它的感觉自身并非即为智识，而乃引致动作之门阈。

前例足以证实运动方面于智识获得上之重要。儿童之学习，自然不能不用各部分的筋肉。通常皆是将动作减至最少分量，只许他们口目等小部分的活动，其结果即是使之成为机械的、旧辙的形式。有许多学校要求儿童高声诵读，将书内的字一个一个地读出来；但是只注意所发出声音之正确，而不管该声音所传达之意义，其结果每有对于意义完全不解之弊。中国旧教育令年龄幼稚的儿童诵读意义深奥的四书五经之类，儿童们因受教师之威迫，虽然也能背诵无讹，但书中意义，完全不能了解。此种方法除养成机械的读法外，毫无一点价值。

试任取一册美国初级学校国语教科书看，起头总是这些字，如"Mat" "Cat"等单字；先由声音引起他们用目来将这字构造记取明白；后来进一步，即将这两字联合起来，成为一单句："A cat sits on the mat"，以表示其意义之联络。于此，儿童们只是由目而认识此等字之形状，仅为机械的反应，并不能由此中获得完备的经验，以应用到他们后来的生活上去。反之，若是能使他们由做事上而得着此观念，则此动作即不致完全成为机械的。在数学中亦是如此，如说2×2得4，2×3得6，2×4得8，此中固然亦要有使用筋肉运动在内，但实在范围甚狭，除与口唇一部分外，与其他没有何等联络。反之，若是能就儿童实际上所常遇见之问题设为算式，则不只可练习算法，且能增加经验之内容。

七、事物关系之重要与经验

有许多人将心灵与关于事物之直接的作业相分离（The separation of mind from direct occupation with things），以致过于重视事物而轻忽其关系或联络。此实一大错误，须知一切事物之知识皆系从该事物对于外物之关系而来。有一物于此，目视之其色纯白；手触之其外面圆滑；取置掌上，觉其有些微重量。但是此物果为何？我们不能由此等感觉，如白色、圆滑、重量等而知其意义；这些事物如白色、平滑、重量等仅为某物之品质，至于此物之意义，则非仅由感觉所能获得。我们欲获得一物之意义，其唯一方法即是由此物之用途或与其他事物之关系得之。如前例所举之物，其色白，其面平，其质重；就其与他事物之关系言之，则因为系用于黑板者故须为白色；因为便于手用，所以制为圆柱形；因为用以写字故称之为笔——粉笔。可见粉笔之意义，乃是将这些孤立的品质与别的事物联结起来，然后才能知道他与其他事物之关系，而得其意义。至于如何知道某事物之各种关系，则必依赖由感觉所得之各品质，从内中寻出彼此间之联络关系。

我们若是抛开运动方面，即要趋于限制儿童得着事物之意义，而智识方面亦不能发达。由此可见，试验室——科学的试验——之优越的价值。从前学者大率想极力凭理想去寻见真理，而不肯做试验的工夫。因此之故，遂致科学之进步极迟缓。从来进步的科学家，渐知从实验着手，化学家将各种物质放在一起，加高或减低其温度，看他所起之变化若何；或将各物质分析化合，而视察其品质与效用如何；从此科学发明方日出不穷，超绝往昔。可见，教授儿童之最良方法，即是让他们自己去用思想做试验，不可专以孤立的事实或理论，整个的给与他们。用此种方法学习时，虽似乎较为迟慢，因为每做一试验时常需长久时间；若在教科书上，将前人现成的发明教给他们，则于一二小时内，即可得着须经数日工夫方能得着之经验。虽然，这方法固然是很慢，但心灵上却能将所得之结果一一印入，成为有用的经验，而后者之方法只是令其收集死的事实而已。

八、思想之性质

以前所述已略涉及经验与思想之关系，兹再专论思考（Reflection）与平常的思想（Thinking）在经验上之位置。此节在论及感觉作用与运动作用之关系时，亦曾略为说过，现仍从神经系统说明。

人类身体一切动作皆受制于神经系统。神经系统包括中枢机关与身体各部分之感觉神经。感觉神经接受外界之刺激以传达到中央，于是中枢即发生反应或动作而表现于外，两者是互相关联的。如前所举之简单实例：有一支粉笔被我看见，此感觉即由网膜视神经送达到脑；于是大脑发出反应将粉笔取在手中；粉笔在手中，由触觉又得着重量与平滑之新感觉；手执粉笔在黑板上写字时觉得有抵抗力，且在板上摩擦之后，便留有痕迹，于是又得着别种新感觉。

　　此种中央机关与神经乃是思想之生理的方面之基础；但我们不能谓感觉、印象或运动即为思想，而各种感觉彼此联络起来及其间之调和（Adjustment）则属于思想作用。

　　再举一例，我坐在一室中，耳听得窗棂摇撼作声，目见着窗帏飘扬，身上又觉得有寒气侵入。于是，将各种感觉结合起来，察出其中的关系，便可得着风之观念，而将一切现象归结为刮风，是即为一种思想作用。原来声响与震动两事，本是各不相涉的，但由他们的关系上便可推知为刮风所致，此种由结合各种感觉而求得结果，即是判断（Judgement）。我起初听得一种声响，还不能毫无怀疑而决定其为风；但是，同时从布帏之飘扬与寒气之侵入，于是方能断定为风。由此可见，所谓判断者，即是对于疑惑或不确定的问题之判定。我们从此可以懂得布帏飘动及窗棂摇动之原因，而此感觉即附着有命意①了。

　　总之，所谓思想（Thinking），即是将一件事与别件事中间的关系联络起来，求出一个判断，由此便可得着事物之意义。

九、动作与思想

　　前已说明从各种身体机关，如耳、目、皮肤等各道途所来之感觉之印象，此等感觉在脑经上联络并调和起来，即为思想作用。

　　凡是有一个思想即要牵涉到脑经作用。譬如，我觉得有寒气的感觉，

---

① 命意，即寓意，含义之意。

于是心中便踌躇令我觉冷者何物？举目见布帏飘动，便知是冷风吹来，于是起而关闭窗棂。此等动作便含有思想在内，不是无意义的，因为其中含有我的行动与感觉印象间之连接与调停；显然与遇见一种刺激，便叫呼暴跳，或彷徨无措，不知取相当行动者不同。

儿童之受教育，其主要目的，即在由感官的刺激，使他的行为或动作渐能适应于四围之境况，即是训练他的思想。凡一切思想作用，均是关于联络各种感觉印象者，使其对于感觉之刺激能为相当的反应或动作。

于此，有一点应提出说明者即是记忆，在记忆上并无需现在有感觉印象，亦能有思想作用。但是进一步研究之，则现时之记忆之所由来，还要回到该记忆之先前的感觉印象。我们通常的记忆可以补充现时的感觉，而记忆又常回到先前的感觉印象。心灵之作用即是注入先前的印象，与联合新的印象。

思想有自动的与受动的两方面之别。如前例中思想之来到仅为调停或结合两种以上不同的事物，以造成一种联络，此种经验最为紧要，但终久是受动的。

一个善用思想的人，能在印象与动作中间建设一个极完备的联络，至于疏忽者则反是。善用思想者能察见其关系，求出其意义，而疏忽者则不能将动作与周围情况相联结。例如，遇见失火时，有许多人都是张皇失措、举动悖乱，以致损失更巨，甚或不免于难；又如，乘船者中途遇风浪或触礁，往往因为乘客自相搅乱，以致驾驶者不能为从容的布置，结果至于损失许多生命。此皆不善用思想，且不能将自己所处境况与行为相联络。所以，思想之用（自动的思想）即是集合各种感觉，作成一个完备的判断，俾所发出之反应或动作，能适合于目前之境况。

十、预料与思想

思想之表现，其最简单形式为预料（Anticipation）与期望（Expectation），系在经验上做成联络之最简单方法。详解之，所谓预料者即是有一件事发生时，我们即可本之以预期随后所要发生之别种事体，由此而预为之备。

　　一个人若是能够预料将来将有某事发生，则此将来之事物即可引导或指挥其现时的动作。例如，一人在街上行路，正要越过街衢时，适见有摩托车从侧面飞驰而来，于是心中预料若是不急速停止，即要被它撞翻，此人便停止不前。此时所有动作，即是受将来结果之预料所指导的。

　　于此有一问题，即儿童自何年龄始知用思想？或何时期方能有构成预料观念之能力？幼儿饿了便哭。其初，人替他预备食物，将白的牛乳、糖、面包等放在桌上，但是他还不能明白此种预备与他的食欲满足之关系，所以仍旧哭喊。到后来因为习见这些动作，便渐渐能明白这些杯盘与满足他的食欲之关系；以后他再见了这样物件，便要显出愉快的面目。此即最简单的预料与判断之形式，但是此例乃系最单简者，至通常思想作用则每须经过一定步阶。

十一、思想历程之步阶

　　思想之最简单者的形式为预料（Anticipation）作用，兹将其分析之如后：

　　1. 某事件尚未完成，或正在进行中：凡思想之起，皆在某事件尚在进行而未完成时。预料之作用即是本于因果关系，由从前曾经发生过之某事件而预料现在既有此相同的情况，将来亦当生同样的结果。总之，即是以已经发生过的事来补充现时不完备的经验。例如，正在街道步行，闯然见有摩托车自远飞驰而来，随即急向道旁避让；此一瞬间之动作，即系受预料之指挥，阻止预料结果不使发生，否则预料结果必致完成（即被汽车所碾伤）。

　　2. 对于预料完竣之兴趣：即是对于所预期之结果之利害关系。因为所预料之结果若是完成将于己身有密切关系，故预先为某种动作不让该结果发生。例如，远见摩托车驰来，便避让道旁，使所预料碾伤之结果不致完成。以上两者系思想发生之条件。

　　3. 利用预料之结果，将所有记忆与观察加以整理或组织：例如，科学家在试验室中先预定一个原理，然后用他的记忆及观察收集材料，从中求得断论。又如，一个商人其目的在营利，在着手之先，有许多应行计及之事，如投资于何种实业，以何方法投资，预料由此投资所能获得之利益等等，然后方能造成一个计划。此二者皆思想作用之实例。

4. 假设与试验，即是用试验以考验所假设断语之真伪。科学家做试验室的工作，其目的皆是要研究一个问题，他心中先有他的预料（即是假设），然后着手搜集事实资料，用各种方法将其联结起来，看所发生结果是否与预料符合。如自然科学上之一重要观念，谓生存竞争，唯有最适者能生存云云，此观念最初并不能即径认为科学的真理，故必待从自然界上搜罗事实资料，研究其所得结果，看其是否皆赞助这预期的观念。

凡假设之真伪须待试验之结果定之。假设系出于预料，但预料可真可伪，不能一定无误，所以我们一方面要利用预料以为行动之指导；他方面，若是发现此预料不适合时，即当改变所持观念，另求合宜的解决。

第十四章　教育上之思想（一）

前章所论经验与思想与本章关系甚为密切。前章系论思想在经验上之位置，本章论思想在教育上之重要。在讲到教育上应用之前，先将前次末节所讲，再加以更为详细的说明。

一、思想之起因或条件

使人用思想者何物？最简单的答语即是：思想之起乃由于不完全的、不充足的或未决定的经验。凡一思想决非无因而起，多因中途遇见困难，遂迫其不得不用思想。常人想达到某目的时，只是心中怀一愿望，而不知先用思想筹划一番，如此便终无从完善其经验。一个人生活上若非因为常遇见困难，即不能激起之使用思想；譬如，一人方觉寒冷，心中正想着要有火炉方好，倏然闻即有蒸热之火炉呈现于前，则此人便永远不会想到如何生火上面去；又如一人患病，心想疾已，即能蹶然而兴，健康恢复，则世界恐将无人从事药品性质及疾病原因之研究。

常人每易陷于不多用思想之习惯，多是随遇而安而惮于深思远虑；但是在他一生每有困难不易解决之境况挡于其前，而迫之不得不用思想。此语虽似若太严重，但其意实泛指一切困难，凡非进行顺利或无阻碍的经验，皆足以刺激之使用思想。

譬如，用铅笔速写时，全副注意力皆倾向讲演词句，耳聆手抄成为一种机械动作，此时便无余时想到铅笔；但是若忽然间铅笔作用不灵，着纸不能成字，于是即要察看铅笔所以致此之因。如此例所说并非严重的困难，但究含有些微不完全的、不充足的与不确定的经验，或经验被干涉之意味，而思想即是要察出所以致此困难之原因，俾经验完全无缺。

二、思想之作用（The Act of Thinking）

前节论思想之起因，谓其正如物理的物件，断不能忽然涌现。我们从来没有自发的思想，亦从来没有人生来嗜爱思想或享受思想。除非此人所处之境况非有火不能保持自己安适，便永远不会想起生火来。所谓思想之作用，即是究问（Inquery）、研究（Investigation）、探寻（Exploration）之作用。此等字虽非恰与思想所含义符合，但实能将其要义达出；其要点皆含有完善所缺乏之事物，俾经验完备。所谓完备或完结某经验者，即是将某经验由不满足的形式，变换成为充足的、满意的形式。换言之，即是克服缺陷或间断，将经验由未定的改造成为确定的。

凡是遇见困难时，我们总想发觉探究其原因，所缺短者，或误失者何物等等；既得答复解决后，然后方能使经验安稳前进。譬如，忽然间听见有异常的声响，好奇心即为所激起。此时心中便要忖度适所闻者果属何声响。闻声而不知属于何者之声，虽非必为一种特别困难；但只知为一种声响，而不知由何物发出及其意义，则经验仍属不充足。此时所需要者即是设法俾此经验完备，因为此中尚有遗落，此时虽知为一种声响，但不能决其为人声，为犬吠声，抑为车轮声。于是心中便觉如有所失，究问之作用即由此而出。此人为要察觉其究竟，便要行向临街之窗棂，而发现其果为何物。走向窗户本是物理的运动（Physical Motion），本体并非思想，但实为思想历程中之一重要部分。因此，动作乃作成或达到一个判断所不可缺之一部分。所谓判断或断论（Conclusion），即是将我们所怀疑者弄明白，将经验组成一个完备的形式。

究问之意义与搜寻略同，其意显然为推究或侦察某种失误的或缺乏的事物。例如，现在要将这一页英文译出华语，这一页上所有字是完全的，但是译者之目的非仅在译出其字义，还要译出其所代表之真义。此一页上之英文，有引证他书者，有间杂他国文者，有平时所少见之专门名词；此时译书者即要从字典、辞书、别种参考书籍，找出相当的华文，然后方能将全页所含意义完全表白出来。

前所举例虽属极轻微者，但是推之至于哥伦布之发现新大陆，亦不外此，当时人共信地球是平面的，他独确信为球形的；他以为当时地理知识有缺陷，故毅然出而探险，以证实他的信仰。又如，近来北极之探险队，无非是因为现时地理知识关于温带、热带之知识已经臻于完全，独于北极尚未能一探其究竟，不免留有缺陷，所以他们便继续去探险，要使经验完全无缺，将全体地理知识造成一个和谐的全体（Harmonious Whole）；其作用实与前所举单简之例相同。

三、思想之状态与元素（The Manner and Element of Thinking）

以前两节，系说明思想之起因及其作用，本节则说明思想之如何进行，此在《吾人如何思想》（*How We Think*，杜威博士著）一书有详细的说明，其大体将思想之元素分为三者：——

1. 搜寻事实（Fact）、张本（Data）及证据（Evidence）：此为思想进行之第一步；至于执行遗失的事实之搜寻者，乃是感觉作用（即观察）与记忆；后者系补足观察所不及者。简单的观察有时系出于己力，但亦有时系借助他人者。前者如将一事物之表里观察无遗，务得其要领；后者如读他人所做记事、历史等，发觉他人所观察的及其所经验的。

2. 搜寻某事物之意义（Meaning）、观念（Idea）及观念之造成与精炼（Formation and Elaboration of Ideas），即是造成概念（Conception）；其方法即是推论与追溯各观念间之关系。

前言思想之起，乃由于有某事物之贻误，致各观念间不相联属，所以必须由观察或记忆将其缺少者补完，然后这些观念方能联合一气。此观念之意义既明，便可由此向前连续发展出来一个观念之线索（Stream of Ideas），是即为推理作用。

当进行搜索新事物时，我们一方面得着新事实、新观念，同时推理作用亦相伴而行。思想作用是无片刻休止的,无论研究何事实时莫不有推理相随。但是,常人当按照层次做事时,或统观上下文以求书中之含义时,往往不自觉为一种思想作用。

通常多以思想之性质为抽象的,其实抽象并不能概括思想之全体,不过为思想中之一特质而已。思想之进行固然不可无身体活动为之辅,但亦不能完全依赖外面的方法或动作。如搜集事实、张本等,欲得着有用的观念,还须注意索寻事实中之含义。譬如,有英文书一页于此,起初看来全幅的字样,似若完全相同;我们用眼可以看出字之形体,听人诵读可以知字之声音,但是字所代表之意义却不能由眼视耳闻得之。于此,该一页书上所有各个字之意义及其全句或全段所表出之意义,即非用思想不能了解。若非有一定限度之心灵作用,恐终无从得着可用的张本或意义。

前所言之观念或意义究为何物?此点应当加以解释。意义或观念皆倚赖其本身与事物之关系而定,至于此等关系则必须由思想作用而理会得之,由推理而追溯之并发展之。

"张本"一词本与"事实"一词相连,但其中微有不同。所谓张本者乃是吾人所能由之以抽出一个断论之事实。凡张本均为事实,但是事实不尽能成为张本。当我们以一定方法,用此事实于推理或辩论上,从中抽出断论时,此事实始变为张本。我们由此点可以看出推理与事实中间之关系。

就数学上的例子说,我们皆知三角形之三个角,其和等于两个直角;又若其一为直角时,则其余两角必皆小于直角(即为锐角),其和必等于一直角。又三角形之值(Values),无论算者用何算法或阶步,其角度大小总是一定不变的。此即利用已知张本以为推理之实例。但是,欲使人能得真正的了解,还须将此定理加以证明。证明之方即是任作一直线与三角形之一边相平行,然后由对角相等之理以证明之。此平行之观念即含有相关之意味(Idea of Relation)。又几何学上之定理谓三角形之两角若相等,则此两角所夹之边亦必相等,此亦系由其相互关系而知。吾人所有数学知识即多由此得来。因其彼此间常有一定不变的关系,所以可由一部分而推知全体三角形之面积与角度。以上均系由推理而追溯其关系,以达到一个断论之实例；因为通常数学上所待于直接的观察者较少，所以称之为抽象的科学。

3. 联络观念或事实之作用（Act of Connecting Ideas and Facts），即是试验（Experiment）：此于思想历程之阶步上最为重要。所谓试验即是将一切观念加以考验，而察其究竟若何？我们既已由观察而收集一定事实，且已寻见其中某种关联，所以进一步即当将这些观念集拢一处，察其是否互相融洽，换言之即注意各事实是否能调和或符合。然后，由此可造成一个复杂的推理串索（Reasoning Train），将各观念之有论理①的关系者皆连贯起来。

推理之结果，若是与事实相符合，则照理论上，由此推出之断论当然是真确的。但是，假设事实与推论结果不符时，则当以何者为准？如何去下我们的判语？我们当开始推理时，总须有事实伴随着。至以最后的考验之标准，照我们的见解，自当着重事实方面，因为凡推论之结果，必须能解释自然，方能为有效用的推理。

推理与观察在思想之历程上，其重要实不相上下。从前多数人均以为思想是抽象的，其中所含的只有推理一部分，而不知尚有观察一部分。其实若是没有所谓观察，即不能有考验，没有考验便不能辨明观念之真伪，不能辨别真正思想与幻想之别。所谓堪称为真正的思想者，须要经过一番考验，察其是否与事实符合。总之，我们如何得着断语？照次序讲，第一步当根据所得的观念以为动作之基本，然后察看由此动作所得结果是否与推理相合。

以前所举皆是极简单平凡的例子，试再举一二较为复杂的例子。一切社会的或政治的理论，其形成皆须根据于现实社会观察之结果，将各部分关联寻见之，然后根据之以造成一个学说，然后此理论方能合于时宜。若是只凭理想，与现实社会相隔绝，以构成一种理论，大概一定不能与事实适合无间。例如，文学家由他们的幻想结构成功一种乌托邦（Utopia），专凭己意描写出来一个理想的完美社会，而不管其在现实世界上能否实现；

---

① 论理（Logic），今译逻辑。

又如，近日之社会主义者，心目中所存之社会的图形，虽然理论上没有何等破绽，然考其究竟，其由推理所得之结果，每不能用事实来证明，甚至显然相背而驰。

反之，科学家在实验室中研究物理、化学、生物学及其他科学，其方法即是由做事活动之结果，造成一个假设；然后再用他种事实以证实其能否应用，此即由事实以证明假设之例。

哲学上向来有许多思想皆是从空洞中而非从做事或试验得来，所以他的思想与推理，多是悬在天空中，没有着落的。近世纪来，物质的科学进步得如此敏速，而哲学与社会的学科进步所以缓慢，其主要原因即是因为研究物质的科学者，早能用试验的方法，而从前一般哲学家则唯知玄思冥想，毫不着实际之故。

四、思想在教育上之重要

论及教育上所有的问题，即是：如何在学校中将思想培植发展起来？何者为发展思想之良法及其标准？何方法何情况产出良好的或恶劣的思想之习惯？

就心理学讲，没有刺激不能引起反应。在学校中我们若是想启发或引起思想，即当设定引致思想之原因（Cause）；因为若是原因不存在，便不能令某结果产生（Effect）。一个人若要生火时，即当注意用正当的方法与材料，使火易燃；若不取可燃之物而以砖石取火；则人将群嗤其愚。在教育上亦然，我们若是想启发儿童之思想，即当为之设备足以引起所欲结果之原因。

在学校中最足以引起思想者，即是真实的问题（Real Problem）与实物（Real Being）；此问题又须是能由学生自己的经验之关联上解答之者，其用意即是利用原因以唤起结果。前已略述及，凡思想皆非无因而起的，正如火之非忽然发生者一般。从前学校之考试，总是凭教师一己之意旨，不问其对于学生方面有如何关系，所以实际上不惟不能引致思想，且足以加以抑制。教师所给与学生解决之问题，其所要求之标准，往往多系矫作的，教师或教科书所主张的，不是由学生自己经验来的，所以不是真实的问题，只是考试的问题而已。凡是真实的问题，须是从他们自己的经验发生出来的。

美国学校中向来教授初学法文之儿童时，其教本起首多为各组法文单字：如教指词中之 Un，便对儿童说这字等于英语之 A 或 One；le, la les 等于英文之 "The"。教授单简之名词时亦是此法：如讲到 Chat 便告诉他们这字等于英文 Cat，Chien 等于英文之 Dog，等等。这些字都是不相连属的，不是代表儿童自己所要用的语词。在此情形下，当然不能引起他的兴趣，亦不能增加他的经验，儿童完全无用思想之余地，他们学习时只是将这些零碎的字记在脑中。这些零碎的物在他们的生活上不能成为问题，故不能引起他们用思想。反之，若是生徒有自己的需要，则此境况即要完全改变，而且与自己的经验发生了关系。如有许多中国学生为要到英美去留学而学习英语，即与前例中之学习法文不同了。

最好的教法，即是给学生以较多的做事之机会；读了课本以外，尤须给以应用之机会。如教授生徒以合度的礼貌之方法，即是在举行正式聚会、茶会、聚膳时，由教师及年长者，于举止之间，示儿童以模范，让他们由此获得实在的经验。

就我们所知说，多数化学教师上堂时，只是将世界大化学家研究所得之结果报告给学生听；在生徒方面其唯一的学习方法只是用记忆法，而不与每日观察相连，以致终久所学的完全不能应用。所以良好的教法，必须将他与学生家庭中所有之事物及他们所常见之境况相连；如染色，洗濯油污，化验食物，滤净饮水，分解食盐、蔗糖等，皆可用为教授化学之资料。前所列举皆与他们现实的经验相连，故能构成真实的问题。由此可见，真实问题与一般的问题，其区别即在前者能激刺思想，而后者则只能产生记忆而已。

于此，尚有一点堪当特别的注意者，即是儿童们何以在学校以外，就会有这样多的问题，而对于学校之教材，则显然没有兴趣？此原因简单答复之，即是因为通常学校之设备，实在不足以引起学生的问题。欲改良此情况，非仅由教师技术之进步所能奏效；所需要者乃是设备较多的材料，较多的器具，与较多的做事机会，必如是方能补完此缺陷。

当儿童们从事工作时，随时可以引起许多问题，引他们用思想；他们的问难质疑自然发生，自然增多，由此便可增加他们的经验，磨砺他们的能力。所以，在教授上方法固然重要，实在材料尤形要紧。若是一个学校内之设备只有教室，教室之中只有书桌、椅子、黑板、教科书，此外别无设备，如此便不能有许多获得实在经验之机会。

在学校中与实物相关之学科，如剪纸、粘土、制纸盒、削竹木等工作，皆须用观察与做事，故最能引起儿童思想之活动。此种设备并不见得若何靡费或繁重，但收效实可操券。常见有些学校，试验室中放着许多贵重的仪器，平时罕见使用，只是供参观人之欢赏，此等奢侈的设备，实为无意识的事。要之学校中之设备须为儿童可以利用之于作业者，虽似简陋亦自无妨。

第十五章　教育上之思想（二）

一、本题之概略

在继续讨论教育上之思想以前，先将前章及本章所论述之大纲，条列于后，以醒眉目：

1. 真实的问题（Genuine Problem）：即用以激起思想者。

2. 事实与见识之收集与考察（Collection and Examination of Facts and Imformation）：即由观察、诵读及记忆等造成张本，以为推理之基础。

3. 造成并发展观念暗示、理论等（Forming, and Developing Ideas, Suggestions, Theories, etc）：即是推理之作用。

4. 应用观念于事实上之动用及试验（An Act Which Applies Ideas to Facts and Experiment）：此中又分两阶级：

（1）考验此观念之价值或此观念之真理（Tests the Worth or the Truth of the Idea）。

（2）组织各个事实（Organize Facts）：即是将各事实调和起来。

以上两层即是要考察这些观念有何价值，用推理发现其间之关系，看这些事实相符合者若干，相矛盾者若干。

关于真实的问题于刺激思想及教育上之重要，前章已经说明，本章仅就其余各点讨论。在论及教育上应用前，仍先略论理论方面，即关于全体科学的或逻辑的方法者。欲知思想之各步阶于心灵作用上之重要，最好是将他与平常不经过此等阶级之陋劣的、非科学的思想相比较。于此,第一个问题:即是平常的、非科学的思想当以何法考验之?如能解决此问题,便能从常人思想上之缺点而察出科学的思想方法之重要。后面四节即是专论有缺点的思想。

二、思想不循次第之弊

此系指不循步骤,而躐等下断论(Jumping at Comclusion),或暗示、观念、信仰尚未成熟,便贸然承受(Pre-mature Accoptance)。此即指在我们尚未能将某观念考虑一番,即昧然承受以为真理者而言。

前面所述之问题,即系指一种疑难、不确定或悬挂之状态(A condition of doubt uncertainty or suspense)此种不确定的状态,自然多少使人觉得痛楚不安;而确定的状态则比较为适意。事实上,人对于一件未解决的事,每不愿长期守候,对于延长而不能达到之期望常致不耐其烦。人类生来有好逸恶劳之天性,所以总是喜欢一切事物在已经决定的状况。问题之存在,常使心灵在纷乱不安状态中。总言之,我们所以常趋于躐等下断论者即是因为:

（1）疑惑之状况是苦痛的(State of doubt is painful);

（2）研究之行为是麻烦的(Act of investigation is troublesome)。

因为某事在悬而不决中,所以不得不出于研究或究问;但研究与究问者,即是担承我们本性上所不喜的苦痛与困难,因此便易趋于不循次第而下断语之弊。

例如,从前人不知地球是球形的,且时时转动;一遇地震时(即地球之非常的运动),便欲探究其原因。但在科学未昌明前,一般人多是愿意承受任何答语来解决此问题,满足他们的幻想。他们便造出并听信此类无稽的解说:如说地震是由于住在地底下的龙发怒了,或说是地下有极大的鳌鱼跳动了。此等解说本无可信之处,但因其在彼时代,足以减除困难,使心灵安定,所以有多人愿意承受此观念,而不肯追诘其真正原因。关于地震之原因,科学家已费了数百年之研究,仍不能谓为已完全解决,于此可见研究之举之困难。

现时科学知识已渐传布，但是迷信何故依然如此盛行？何故多数人仍相信没有经过观察之事实？其唯一原因即在人类先天的心灵缺点（Inherent Mental Deficiency），本是好逸恶劳，所以他们便轻于承受任何偶然来到他们面前或他人告知之观念。

但是，一个科学家就不肯承认无稽的信仰，他断不肯承受任何偶然想起的观念，或似若可信的观念，而要更进一步研求其真相如何。

此种有科学的步骤之逻辑的思想，其最大的价值即在防止下断论太捷速之倾向（To prevent the tendency to reach a conclusion too quickly）。有许多事物，初视之，似乎显然无疑，但进一步研究之，往往发现其性质大异，所以在我们承受一个观念之先，必须搜集多数事实，加以考察。

但是，在学校中我们常常轻蔑此种倾向，儿童们天性每易相信我们所告知之一切事故，除非显然有反对的证据时。最不幸的，即是学校中每不启发思想，反而启发信仰（Cultivating Believing）。教师通常总是将书本上的事实或理论传授给儿童，而不给他们以自己研究事实或用思想之机会。此时，我们所给与儿童者虽属真实的事物，但是不能给儿童以自己做推理之材料。像这样将材料灌注到他们心里，实在是逼迫他们不待寻见真理，便下断论。

三、系统建设之弊

此种缺点与前异，前者差不多人人皆受其影响，而此点影响所及只限于少数的人，只能影响知识阶级或受高等教育者。但即在此小部分的人之中仍然有许多恶果。

此缺点即在于系统建设（System-building）。英人培根氏（Francis Bacon，17 世纪之科学方法革新家与归纳法之始创者）尝谓前此的科家与哲学家皆是如同一个蜘蛛，从自己的口中吐出丝来做成一个完整的网来一般；他们总是由自己的心中抽出自己的思想，复将这些思想秩然有序地排定，做成各种定律原理，以为宇宙真理皆包含在内，而无待外求；正如蜘蛛从口中吐出丝来组成有系统的网一般。

前曾谓推理之作用，含有将各观念加以炼制，造成一个系统，然后再从此扩而大之。系统建设之弊即由此而出。须知此步骤应当本于所搜集之事实或经验，方才可靠；若是不由事实而专凭头脑中之观念以图建造一个系统，多分是不足恃的。

系统建设乃是阻碍人类进步之最大的原因之一，因为当一个人建设了一个系统（即创立一派学说）；于是即可有了许多附从者，久之势力渐雄厚，属于此派者即存出主人奴之见，只许他人承受而不容其怀疑；有时甚至可以逼害与苦痛之手段，强令他人信仰，而不容其考验真伪。

有许多哲学派，将哲学的系统组成包罗万象的学问；关于宗教、经济、政治诸理论，前人亦多喜组成系统；此后便以为永古不变，不许攻击，不容怀疑。但是他们建设此系统时，实在仅根据于少数的事实，便当做天经地义传授起来，实在最足以限制人类思想。由此可见，慎防建设系统或承受现成的系统，于确保良好的思想上之重要。

四、堆集零碎的观察与事实之弊

此为思想上之第三缺点，在教育上最为重要。简言之，即是：为学习自身之故而堆集多数观察与事实。（Heaping-up observation and facts for its own sake.）

此弊与前节恰相反，前者弊在不知搜集事实资料，此则专门搜集零碎事物。须知观察与事实自身并非即是观念。事实与观察须用思想加以融会方能显出其意义；又许多事物有非由直观所能得者，必须利用想像，可见专持观察缺点甚多。又徒堆集事实而不能融会，其结果一定不能增加个人的经验，亦不能使之能借此为推理而抽出其断论。

五、不将观念加以试验之弊

此节之重要与不循阶级下断语同，其意即不能依据所得观念为一定动作，以便将此观念考验一下（Failure to act upon the ideas, so as to test them.）；或者是不能注意各观念间之衔接，而将其联络起来（Failure to connect ideas, by noting their consequences.）。我们若非从观念应用时所随从所发生之效果，便无从考验其真伪。

人类日常的生活，可以即谓为时时在做试验中（Perform Experiment）。我们对于日常事件当注意其结果，然后察其是否与我们固有的观念相合；若是我们先有的观念不合于事实，即当改变旧信仰。当我们发现事实与理论不合，或理论不能应用到事实上时，即当改造理论，使合于事实，绝不许使事实迁就理论。

总之，此种思想缺点，即在不能按着思想做试验，以证明其究否合与实在情况。由此便生出后述之两种人：

（1）理想家或梦想者：即是不合实际的或不能实行的人。我们常见有些人能发觉与了解新观念、新理想，但是不能应用到实际上去。

（2）武断者（Dogmatists）：即指一种人得着一个理想，便固执不知变通，以为是颠扑不破者。

这两种人之态度恰相反对，但是都同为不注意客观的事实。例如，欧洲历史上之宗教的制裁，因为有一部分人信仰某种宗教的观念非常强固，遂本着这理想做去，不但自己信仰而且要强迫人人都信仰，否则便加以种种惩罚迫害。此种极端的信仰亦可见之于政治的信仰与经济的信仰上。有些人对于某种政治的或经济的理想极端崇信，于是就要将此种信仰强加到他人身上，而不容其选择，亦不许人纠正其缺点，如各种"ism"（即主义或学派之尾词）都含有此种意味，如习见之资本主义、社会主义、无政府主义、实业主义、帝国主义之类，均不免陷于同一恶习，但知强迫他人承受，而不许人研究或改正其错误。

凡是不能本着观念而为一定行动，以考验其真相，便是将心灵闭塞起来，使与实际的经验或观念相隔绝。由此可见，心灵之试验的习惯（Experimental Habit）与武断的习惯（Dogmatic Habit）之区别。前者是常常搜寻采取新事实与新理想，以保持原来的观念，俾其继续生长发展；后者则系牢守自己所信的，不肯承受新事实与新理想。

六、假设在思想上之重要

本节再将假设之重要加以说明。一切观念或理论非待用行为考验一下，只能算作假设。（Till theories, ideas are tested by action, they are hypothesis.）假设之意与虚拟（Supposition）略同，亦可称为试用的信念（Tentative Belief），此时对于一事尚在未表示拒斥或承认中。人性自然的趋势对于一种观念不是承认，便是拒斥，至于暂用的信仰则在承受与拒斥中间。此时，我们仅承认某观念值得尝试，并非径进而承认为最后的、完全的真理。

假设即是认某事值得为行动之基本，值得尝试一下，察其所发生之效果如何；至于最后的认可（Final Acceptance）则待诸试验结果所得之新事实决定。

假设与尝试在科学方法上极为重要，有人谓他改变了全部的科学史，或径可说他兼改变了全世界之社会的历史。由此令人明白观念与理想不是可与他物隔绝的，须得本之为一定动作，察其结果如何，然后始能估定其价值。

在哲学上真理（Truth）一字即是证实（Verification）或能应用的理论（The theory that works）之意；换言之，即指我们所可依据以为动作，且能得所欲的效果之谓。此系哲学上真理论。所论之点，兹不备述。总之，除非我们本着观念为一定动作，便无从知道它是否真理，且无从证实。

七、教育上之缺点

前节皆系泛论思想之缺点，此节专讲到教育上之应用。后所列举系学校中常见之错误：

1. 没有充足的直观（Not enough first hand observation）：通常学校中每不能给学生以丰富的直接观察之机会，以获得良好的思想之资料。所谓直观者系指直接的感觉（First-hand Sense）之所得，以别于间接的，如由书本、图画或试验室、标本之代替实物等；因为此等事物，皆是一种记号（Symbol）而已，不能如直观之亲切真确，故不能启发良好的思想。

2. 不能充分利用识见与观察以为抽出断论之方法（Not enough use of the imformation and observation as means of drawing conclusion）：即指以观察自身即为目的，而不知用之为推理之方法；如在学校中只是教学生去观察各事物，但不为之解释，使渐明推理作用，而自己抽出断论来。

教授上最大缺点即是：不能体会儿童自己的问题。通常教师教授之结果，只要学生能将教师所告知者照样复述起来，便算目的达到。其实，知识如同食物一般，须能消化方能滋益心灵，若是不能消化每致无益反损。一切教材须经心灵消化之，正如食物须经胃部将其消化一般。

3. 在学校中供思想用之学识太少，而供记忆用之学识太多（Too much information for memory, too little for thinking）：因此结果，所以罕能发起问题或激起思想。

从教育上看，生徒所要的观念为何？观念与事实之异何在？用例说明，譬如教授地理，我们对学生说地球面积之周围为72 000里，此在教科书上固已明白记载出来，但此究为事实抑系观念？实际上，没有人能用观察决定此事，此实得之于推理之结果者。故在实际上应多用张本，以达到断语；但是在学校中，我们多是将现成的断论给他们，而不给他们以达到断论方法之张本。事实既为我们所直接付与者，当然不能成为生徒之观念。

生徒平常自己所见的、所闻的日常事物，是为真实的观念与真实的事实，但在经验以外之事物，他亦能推论出来，此则为字面的观念或事实（Verbel Fact or Idea）。

自然，教授时不得不举出事实，但是我们当力避为生徒指授说明之弊。教授时最好是先给他们以若干张本事实，让他们自己由张本而推论到断论。如让他们自己去解决地之面积何以恰为72 000里而非7万或8万里？何以谓地系圆形？地上何以有四季与昼夜等，让他们看出其中关系，则此观念即系学生自己的观念，不仅为文字之汇集了。

4. 缺乏应用的机会（Lack of opportunity for application）：此即指缺乏活动的（Active）事实，以致学生没有将所学得者应用于实在境况之机会，其结果学生只是被动地承受知识。

补救之方法，首在使学生有试验他们所有观念之机会。除非他们能够由行为将观念考察一番，则他们所得之观念与理想，将仅构成纯然理论的或抽象的知识，所以应用之机会（如由试验室、工厂、旅行等，将其在学校所学习者与其在校外之经验相连）乃是必需的。

以上各点主旨皆是力图减少平常思想上之缺点，凡研究科学或哲学者皆当注意。

第十六章　方法之性质

凡研究教育学者，皆知教育上有三个主要纲目：（1）学校组织与行政；（2）课程学科或教材；（3）方法。凡教育上一切问题，均可归纳于此三者之一内中。关于方法前已略为论过。第十四、十五两章之论思想即为方法论之导言。关于方法论有三个主要题旨如后：

第一，方法与教材之关系。

第二，如何研究方法。

第三，属人的方法（Personal Method）之主要元素。

一、何谓方法

欲了解此点之最简单方法，即是辨别 What（何者）与 How（如何）所含意义之差别。通常何者是与教材（Subject-Matter）相伴而行，至如何则系与方法方面相连的。方法可以解释为达到某目的之道途，或实行一种活动之道途（A way of performing activity）。道途之意与路径同，即为欲达到所欲达之目的地所必遵由或最捷近的道途；若是不遵从一定道途而欲盲目地自己寻见前此所未有之路径，中途一定要遇见困难。所以方法之观念系包含其所欲达到之目的在内者（Implies end to be reached）。

无论何事若是预先没有一个目的或主旨，即永不能有达到任何目的之方法；欲达到某目的，须先有一定宗旨，且须发现一个最好的执行方法。总之，方法即是做某事所经之道途，由此可达到一定目的。试再分析说明如下：

1. 所谓方法为达到目的之捷径者，其意即指努力之经济（Economy of Effort)，俾一切进行顺利，免去时间与劳力之浪费；庶几能以最短的时间与最少的精力，而达到所欲达之目的地。

2. 情况之主持与操制（Command or Control of Condition），即是操纵所用以达到目的之方法之能力。

第一点系属于消极的方面者；第二点则为属于积极的方面者：其实此两者乃是同一事件之两方面。第二点又包括：（1）选择方法；（2）次第及秩序之排列。详言之，即由特别选择应经由之手续起手，拣定合适的方法，将其布置成为一定的阶级或次序，用之以实现其所欲达之目的。

假设有人于此，欲经由某路途以达到某地点，此地点距离若干里，中途有一座高山挡其前。欲达到目的地有三道途，或由山之左侧绕过，或由山之右侧绕过，或径直越山岭而过。此人此时即当就此三途中选择其一；既经择定后，便循步向前走去，终久自可达到所欲达之目的地。此等前后互相衔接之程序，系一切方法之普通情形。

又如，一人欲建筑房屋一所。如想免去糜费，自当对于下列各事为精密的选择：所欲成之屋之式样，房间若干，用何材料，占地若干亩等等。此事决非由盲撞的或拼机会的活动所能有效，故须择定一个可以遵循之次第，方能达到所预立之目标。此系智慧的程序（In Telligent Process），以别于盲目的、拼机会的活动。

二、方法与教材之关系

我们当知凡有所欲达之目的时，总有一个安稳的途径与一个险恶的途径同时存在。所谓险恶的道途者即是个经济的，或不一定能达到目的之道途。

在教育上既然有所向之目的，自当预先布置相当的方法。欲决定所择定之道途是否为最好的，须视其与教材之关系而定。例如，教授数学或理科时，其方法之当否，自当视此教材对于所欲达之特定目的有何效力。本节略去抽象的、理论的方面，而就实用的易了解的部分说明。最重要的一点即是不可将教材与方法分开，方法当在教材之内（Method should be in the subject-matter）。方法能将教材整理发展至于完备的地位，但若无教材，则方法亦将无所归着。所以正当的研究方法者，不应由方法与教材各别起首，而当从教材上或教材内中之方法起首。（To begin not with method and subject-matter, but with method on or in subject-matter.）

试举一例说明：方法与教材之关系，恰如消化作用与食物之关系一般。此二者实在是不可分的——消化与食物，教材与方法——不是分开的两件事。一切食物凡不能消化者均属无用；他方面，消化之作用，必须有所消化之物。所谓消化者即是消化食物，消化与食物永远不能分开。教材与方法之关系亦是如此。

在教授数学时，其方法上之布置，亦当如消化食物之情形。我们决不能离开数学本体而有所谓教授或学习数学之方法，正如我们不能离开食物而研究消化作用之经过一般。

三、分隔方法与教材之弊害

教材与方法系不可分的，既如上述；若强分之必致产生下列各种弊害：

1. 离开与遗忘经验之具体的境况（Concrete Situation）：前言苟无供研究之实在事件时，便无从发现方法。方法系由为指导后来的行动起见，从观察实际事件而发现获得者。但现时一般所谓教授方法，多是从外面强施的、命令的，并非由教育者自己智慧的观察之表现，故其结果使人专门依仗一种矫揉造作的方法，将心灵与外物（教材）联络起来。

2. 训练方法：一切事物，只是有兴趣者，方能占据心之全部，使人得着适当经验。教材与方法若互相隔开，结果必致心灵与教材不相适应，兴趣因之销蚀，于是即不得不设他法强令心灵能继续学习。所用之方法，即是并不令其了解理由而强其为一定动作；或示以不遵由则受惩罚之威逼；或用快感之刺激诱引，贿赂儿童，使之遵由己意而学习；将此类不与心相连属之事物灌注到儿童心中。

3. 学习之作用成为自觉的（Self-conscious）：在通常情形下，学习乃是由有关于教材之作业上所产出之自然的产物或报偿。例如，儿童之最初学习走路与说话决非出于意识作用，实在仅出于冲动或非自觉的模仿。换言之，即是由于从事直接的活动之结果。在正式教授上亦然，若是教育者能注意儿童活动之所趋向，导之为一定作业，则学习即自得之于做事之历程中，学生初不自觉已获得切要的经验。但在通常学校中学习之事多成为自觉的；教师提示某教材后，大率即引致学生专意地去用他们的注意力与记忆力为唯一学习方法。

4. 方法成为形式的、机械的、干燥无味的：一般之误解，想到学习时，总便想到注意与记忆；于是研究方法者专注意到心灵的动作或记忆、注意之作用，而遗弃所不当分离而分离之教材。由此，产出一种固定的方法，教师从此便不必由直接考究问题，而由所得结果以试验其方法之价值何若。实在言之，此种离开教材而学得之技术（若是果然于教材毫无所知）将全然无用。如教授地理之教师，固然须知各种方法，然同时亦须熟悉地理上许多事实，否则便无从实施教授。

以前各节系关于教材与方法之关系者。

四、如何研究方法

此问题即：如何可以得着方法？通常方法可由下列各事件获得之：

第一，他人的经验：研究前人关于方法上之成功的经验自属重要，但同时亦含有几多危险。因为其中暗示为教师者，以可由研究他人现成的方法，加以模拟便可获得应用方法。此实大谬，他人的经验仅足示人以方法之原来的用途，供参考之资料，并不能径以之为供仿效之标本。为教师者若不解此而欲专由模仿他人现成方法以为方法，可谓至愚。由模仿所得方法至多不过为如前述之机械的方法。有用的、正当的方法须为智能的。机械的与智慧的方法之区别，即在其是否洞察方法对于目的之关系。若不能洞察此关系时，则只能如机械一般之动作，不能使之有创发力，或因情况之不同而以己意操纵方法之能力。

算术上分数之教授在美国给学生与教师许多困难。当小学教师在师范学校学习数学时，仅学得某种做法，而其做法又是完全模仿教师或他人者，始终未曾明白何故要用此做法之理由。彼等之学习既然是由于机械的方法，所以当其出任小学教师时，仍然袭用成法，不知随各特别情形而变更旧法，结果自然要令一般小学生如坠云里雾中，不能了解。

第二，心灵作用之观察（Observation of the workings of mind）：即由心理学之研究而学习方法。心理学与教授法关系之密切，尽人皆知。心理学为解释人类心灵如何动作之科学，而学习之事即完全依赖这种机能，故能于方法上有最大的贡献。

但是，有时肤学浅识者流，正因为略为了解心理学到某程度，反于教授上无益而有损：因为研究心理学反使教师与学生蒙更多的恶影响。因为教师每恃其一知半解的心理学知识，便傲然自足，以为系万应的神药，可随意应用于任何情况；于是，不知分别目前之情况以决定应用之方法，只是照公式陈例作去，其结果每致产出许多不幸的事故。如此则反不如无心理学知识之为愈。盖其人若未尝一研究心理学，则于各事犹能依着他的常识与判断力，而决定应有之动作，较之仅得着一点虚浮的知识，而对于现实境况反不知如何措置者，自然要较优一点。

五、一般的方法与特殊的规律（Prescribed Rule）

所谓一般的方法者，其材料包括相传的及现时通行的方术等等。一般的方法与特殊的规律之别，即在后者系一切动作之直接的指导者，而前者则仅指示目的与方法之联络，为一种间接的动作方法。特定的规律亦可称为直接的方法，如指定做此事、做彼事一类的命令语气。此等方法系一种法规，非属智能的方法，因其仅为令人服从指使，并不令人明白目的与手段之关系。

例如，做化学试验时，因为要试验某观念，于是将数种化学品混合、加热，经过一定时间后，观其发生何种变化。做试验者将一切经过情事记载下来，可作后人之参考资料。但是，后来的人若不明白何故要用某种化学品，何故要加热，何故要为某种动作；后来情况已变，仍照旧规，不知变化，则此人可谓至愚。

六、个人的方法之特质

个人的方法亦可称为智能的方法，此方法以个人生来的倾向及学得的习惯为基础；对于各个人因其原来的才量，过去的经验，及其性之所近，而变动其方法。个人的方法之特质（或对于教材之心灵的态度）有四种，即直接（Directness）、虚心（Open-mindedness）、全心（Whole Mindedness）与责任（Responsibility），分述如后：

1. 直接

直接有一往直前，与注意前途（Lookout）之意。进言之，即非拘执于本身，而更有一所欲达之目的。由此所启发出来之直接态度，其结局即为有主旨（Purposefulness）、精神集中、确定、有气力（Vigor）及信托等。反于此之品质即为无目的、专留意本身、扰乱、无精神毅力及信任。

目的于人生最重要，盖须有一定目的物，或一定从事之工作，然后方能使人思想精力倾注于一点，并力求所以实现其目的之方法。由此自能使人有一种直截了当的态度（Out and Out），对于所事能一往直前地进行。

兴趣多由做事而发展出来，若是一人终日无所事事，其结局每使之成为失望者、悲观者，而失去对于生活上之兴趣，或则浪掷时间精力于无结果之所。总之，可称为放纵恣肆，我们通常称游惰者与沉湎酒烟者，耽嗜游戏者为放纵，即是因其浪耗精力，不用之于有益的事；有时做此事，一面又做彼事，不能将精力集中。

一人要有目的物作他的目标之价值，一言以蔽之，即在使其注意力保持于一事。说到教育方面，最要紧一点即教育者须以何方法，方能发展此种态度而避免他种态度。实际上，教育者每不能发展此种态度，反启发相反的态度，如自觉、无目的、恍惚等。

实际所以铸成此错者，其主要原因在于所教授之事物对于生徒方面缺

129

乏动机，因为生徒对于所教授者看不出其用途或需要，故结果不能使其注意集中于一事。又生徒方面之缺乏目的，有时系由于只将事实记忆之而未尝了解其意义所致。教师之恍惚的指导亦足致此结果，教师不能将事物确定置于儿童观念中，俾能把持住，常使学生心灵成为散漫的、无意识的与飘忽的。

我们皆知当一人心灵无所归着（无有可做之事）其必然发生的影响，即是精神沮丧。在学校中亦然，教师若是不能给与学生一个确定的目的物或目标，必致趋于同一结局。

有些事物在成人看来，颇有意义而且重要，但在儿童看来，却显然完全不同，因为儿童不能与成人以同一观点观察事物。因此，每有许多教师认为重要的教材，然实际上，徒足令儿童之注意力成为无规则的、不确定的。兴趣由是衰弱，最后或至泯灭。由此可见，启发直接的态度之方法，即是给学生以一种有目的之作业。

2. 虚心

虚心即是无偏私的态度：其中含有富于伸缩性的或自动的好奇心、究问心、探讨心或研究心等。但虚心与空心（Empty-mindedness）不同，并非完全属于容纳性或被动性者，乃是就我们所已有之观念扩张起来，将心灵开放以接纳新的观念，使原来观念知识更为完备，并增广其内容。此种作用系一方面学习，一方面更注意前途；乃是究问，不是收容一切事物，而不问其精粗如何。总之，即在使儿童心中感觉一种精神的或智能的饥饿，使觉得学问之需要，对于知识一如消化器官之于食物一般。人当饥时便自然要得食物，所得食物自能消化；心灵的饥饿亦然，当其感觉知识缺乏时，自然要发生求学之欲望，均是出于自动的。推之至于大学问家，其学问造诣所以能如此深邃者，亦不外此种心理作用——好奇心——之鼓舞。

儿童生来具有好奇心，他们有目耳手足等，是即为学习之工具，不待驱迫自能向前学习。因其对于事物之好奇心常萦绕于心，正如消化器官之不能无食物一般。

但是，实际上教师每忘却培养此良点，其所用方法每正足毁灭个人之好奇心。故教育上培养虚心之态度最为重要。我们若是欲使学生一方面把住新事物，一方面更能前进获得更多事物，首在培植好奇心；反之必致破毁原来的目的。"自负心"可以谓为好奇心之最强项的仇敌，有些人傲然自负，以为所有知识，业已满足，不肯更容受新来事物。

此弊系出于偏见，将眼睛关闭起来，或将四围筑起墙壁来，不使新事物侵入；于是对于一切皆视为一成不变的，不再加以研究，倚赖典故、传言等为解决一切问题之锁钥。在学校中即是令学生心中觉得书本上的说明与教师之讲演，已经尽备，无待他求，亦无可再研究之事物；其结果好奇心被其消磨以尽，而心灵为所锢闭。

反之，自动的好奇心之态度，则认定搜索新事物为儿童自然的倾向，此倾向于心灵之生长最有裨益。但是当年龄渐长时，每致在心灵上发展出来一垛墙壁，将现有事物包围起来，而排除其他一切事物在外。如同一个螺蛳身体外部之介壳本为保护之用，但是后来反足以阻碍其发展。人类心灵亦是如此，因为自负心太盛，心地渐形偏窄，而心灵之发展被其阻碍。自负过甚者每不肯容纳新观念，亦不肯变更旧观念，以为万物皆备于我，此外均属不足道者，对于此等人可径称之为心死者（Intellectual Dead）。于此有一重要问题，即教育须始终保持个人之智能的生活之继续生长，能时时容纳新观念，增富其经验。

在学校中，有些事物最足以阻碍研究心之发达。教师每不知设法使学生自动地去寻见新事物，而专从外面将知识装进心中。因为教师所做的事太多，学生只是安坐承受，其结果最足以使学生丧失勇气，消蚀其固有的研究心。研究心与好奇心为儿童学习之基础，若遗忘之，结果将无所谓学习。

3. 全心

全心亦可解为一心，此与直接很有关系。其意盖指宗旨或目的之纯一（Unity of Purpose）。由此使人专心致志于一事，或忠心于其工作。当其有单一的宗旨时即可伴以完备的兴趣；在感情方面即是热诚充满于其所做的事。若用道德的名词，即是诚恳之意。所谓智能的诚实（Intellectual Honesty）者即是不自欺，对于新观念与信仰能了然于心，不致被其紊乱。

反于一心者即注意力或思考力之分裂，我们通常所谓两心（Double-minded），即指同一时间而具有两个或两个以上之目的：表面所宣示之目的，仅为心中所蕴藏目的之假面具。似此当然是宗旨不纯一，兴趣不完备，用一句话说即是不诚实。通常以不诚实为罪恶（道德上的），其实诚实亦是智能上的事，盖一人除非先知何者为真理，然后方能不陷于不诚实之愆；但是现今世界上尚有许多事物至今未能明其真理，可见保持智能的真实大非易事。

现时学校之情态每趋于发展两心。例如，学校所教授者若只为将来的预备，生徒不能了解其目的所在，此时自不能吸收其注意，便不得不用强迫及诱引之方法；但是强迫与诱引虽能提起注意来，终竟不能令其将兴趣完全倾注于一事物；其结果使学生同时有数个目的，一面要见好于教师，一面心中又有别种思想占据在内，是即为两心，最足受外物之诱惑。

4. 负责

所谓负责任者，即是对于所设施之计划，预先料定其所可能发生的结果，经过熟虑后承负之；承负即是将其加以考论，而且实现之于行事，不仅口头应承而已。

责任，简单解释之，即是智能的透彻（Intellectual Throughness）；对于一事能彻观其究竟，以别于虚浮，犹疑不决之态度。凡不曾思虑其意义而昧然承认，又或对于一事仅为一度之轻率的浮面的测度，均在所斥拒。学校学科之非常的复杂与拥挤，其最恶的结果，不在使儿童忧闷、神经紧张，与其结局所知悉者之虚浮，而在对于此等事物不能真知真信。智能的责任即是关于此方面之严厉的标准。此种标准之建设，其唯一方法即是于实际上将所得之意义依法实行出来。

通常以责任为道德上的事，其实为智能上的事，我们解决一问题所需之恒心及实行贯彻所抱主张之恒心，其中含有思想作用与忍耐要素是即为智能方面之事。

第十七章　教材之性质

一、教材之渊源与目的

教材（Subject-matter）通常亦称为学科或材料，乃是学习之目的物（Subject of Learning）。

现先讨论教材之所从来。关于此层儿童自然是完全不知的，通常亦非教师自己所造出；而乃由教育行政部所规定，预先订出某科某科各占若干钟点，教师不过承受之而实行出来。

由此法所产出教材之不适当，由下述问题显然易见：各种学科之真正的目的何在？我们须知教材之泉源系出于社会的群体之过去的生活；此等事物不是从天上凭空落下来的，乃是从过去累积的社会生活经验中，将其中视为最重要者选择出来并加以精炼，制成标准的社会知识，是即为教材。至其目的则在使生徒熟悉其所属的社会的生活之产物、历程及工具。（To make the pupil familiar with the products, processes and tools of social life to which he belongs.）

试举一例，学习语言可以谓为一种社会的作用（Social Operation）。所谓华语即是中国人所用以传达彼此间之思想感情者，所以在学校课程上有社会的意义。一人若不熟悉文字（即社会交通之工具），即不能得着完全的过去生活之经验，与现代社会之丰富的意义。文字之工具，对于社会生活之重要，正如斧、锯、锤、刨等工具之于木工一般。社会全体若没有此种工具，社会生活，尤以复杂的社会，即不能维持。所以学校课程表上也万不能不将文字作为一重要学科，俾人人有此种堪以运用的工具，由此成为社会最有效率的个人。其他学科所以能在课程表上占一席地，亦可以同一原理说明之。

由此可见，教材之所以重要，即在其社会的品质与目的上。故安排教材时，注意其如何与社会生活相联络实属至要。社会生活与教科之重要，除文字外，亦可由数学见之。假使没有算法之发明与使用，大规模的商业将立时不能进行。

二、教材之两面观

关于教师与学生对于教材观点之不同，杜威博士在一小册子名《儿童与课程》（*Child and Curriculum*）有详细说明，凡欲得完备的理论者可以参看。最重要之观念即教材之决定，须从学生之立足点，不可从教师之立足点。

在教材上教师与学生代表两极端：教师已经熟悉教材，而学生则是方去学习。学生系学习者、求获者，而教师则是拥有生徒目的所向之教材者。但是，实际上每忘却此种情况，以为教师之心理与生徒同，不过后者较为具体而微而已。此实大谬，兹分析说明之如后：

1. 教师对于教材之知识，是专长的（Specialized）、孤绝的（Isolated）。换言之，学科分类甚多，教师所知者仅为其中之一孤立部分。但是当儿童初入学校时，其心中完全没有部类（Compartments）或区分之观念，在众学科中分别孰为地理，孰为历史，孰为文学等等观念均为彼等所未具有。只有教师能分辨此为地理，彼为历史等等。盖儿童经验上有流动的纯一性（Fluid Unity），数学、地理、历史等等，在他们看来皆是互相联合一致的。

因此，在教授上，若是不注意儿童之观点，专从成人之观点，即要发生困难。儿童经验既是整个的、流动的，教育上即当接近此立足点，不可将学科分为许多隔绝的门类。幼稚园的教育颇合于此种原理。美国近今之最新学校，多以某种作业（或活动）为中心，如建筑房屋，栽种植物之类，从此等活动上所产出之问题利用之以教授数学、图画、国文、植物学等等，杜威博士所著《明日之学校》一书引证甚多，可以参看。

2. 教师系代表成人知识者，教科书又是一般的、非属人的（Impersonal）与概括一切的。儿童的态度与之恰相反对，乃是属人的（Personal），其知识系集中于其自己的家庭与乡邻。彼所知者乃其父母、祖父母、兄姊所告知彼等之故事，此皆系关于属人的方面者。但在学校中，一切属人的方面之事物，均已抛去，所教授者多属一般的（或普通的）事实（Universal Facts）；人类的元素（Human Element）被除去而代以非属人的事物。于是，教师与生徒之观点间，又起了一种冲突。学校中所教授者多为教师所臆度为重要之事物，然因其远于学者之实际的生活，结果所得知识必多为浮泛的不切实用的。

3. 儿童之立足点是动的与社会的，而教师或教科书之立足点则为智能的与抽象的，其材料系组织于智能的基础上。就一个儿童之学校外的经验说，其经验所根基者为何？此种经验并非皆是散漫的，无指归的，乃是动的与社会的。所谓动的与社会的经验，乃指由做事及由与他人之交际上所得之知识，皆是含有对人的关系者。

但在学校中，关于人与人的关系之事均经抛开，其教授各学科时，只是将其当作一种学科而教授之，不问儿童所已具备的经验如何。其实，细细研究起来，可以说没有一种学科，不能与儿童固有经验发生关系，如教授地理科时须知学生在入校以前已经有了许多地理知识。彼等由研究自己住宅之位置，邻友家的住宅、街道、店铺等等，得着许多地理材料，不过未曾用科学方法组织起来而已。

总言之，教师一方面系代表目的或终局，而学生一方面则代表起首、起点或发轫。儿童之观点系向着教材之熟谙移动，教师之观点则当设法使教材与儿童固有经验联络一气。讨论教材问题之主要目的，即是将教师之立足点与学生之立足点联络起来。若是忘却注意儿童之生活，而专以教师之观点为标准，其结局为一切虚伪的教授之泉源。

教师对于教材固然须有充分的预备，但是其最重要问题还在注意生徒方面所为之反应。即看提示教材以后生徒对之起何种反动（Reaction）。此中关系可以图表示之：

如图所示，学生代表生活、活动与经验，而教师则代表组织过的教材。学生本来自有其生活但缺乏教材，所以当向教材方面移动；教师则系已熟悉教材者，其目的系以此教材提示儿童使成为学生自己生活、经验之一部分，故须向儿童生活方面移动。凡为教师皆当熟知此两者。做教师者一方面固然当熟知其教授之教材，此外尤须了解与融会生徒之经验，由此方能看出教材与儿童心灵如何相互反应。

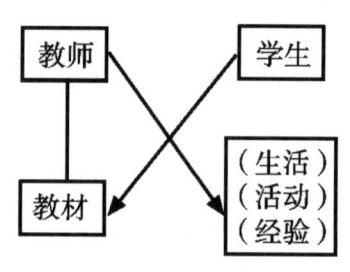

三、教师与教材

经验有两方面，一方面为经验发展或变更之程途，即是关于经验如何（How）进行者，系属方法论；他方面为经验之内容或其所含物，即是论及经验之究竟（What），系指教材方面者。

由此再回到原来的问题：学校之学科须如何方能与经验相联络？此问题前节已略涉及，兹再详细论之。试考察任何小学校之课程表，其中所有学科皆不外国文、数学、地理、历史、修身、理科、习字、诵读等等，此等学科总称之为教育的材料或教材。但是，试一研究，往往觉得此等学科似与学者之实在经验并无何等联络，有时甚至与之相反。所以，我们所有第一问题即是指出学科如何方能实在与学生经验相联络。

前言教师与学生之立足点时，已指出教师对于教材已有充分预备，完全熟悉；但是良好的教师同时还须顾及智能的问题；此种教师特殊问题，简言之，即是注意教材与生徒之需要及才量交互作用之方法（The way the subject-matter interacts with the pupils needs and capacities）。即是注意教材如何影响于儿童心灵，及教材相互间彼此的接触。

凡良好的教师当实施教授时当注意儿童心理上所起之反应。有时，生徒对之若漠不关心，不起反应，即当竭力发现其原因，看其弊病究竟在方法上或教材上。最不幸者，即通常教育者每不肯虚心研究此事实，遇见儿童对于某学科无兴趣或无相当的反应时，不知反求诸己，而将一切罪过统归于儿童，责彼等粗率、怠惰、不知用思想、顽皮等等。此等责备诚所谓厚于责人而轻于责己，而未尝计及致生徒于怠惰粗率者究为何物。此种解释谓学生不读书由于彼等怠惰，而不能解释其所以然的道理，实是循环往复，无有终极的辩论。良教师遇见此等情况时当设法察出教材何故不能引起学生之相当的反应，不当仅归咎于儿童之粗心、怠惰。

讲到此层，教材与儿童经验相联络之重要愈为明显。通常所用教科书往往与儿童自己的经验完全无联络，而欲儿童真实学习时，又非教材与经验间有多少联络不可。故教师欲确保教材与儿童心灵间之交互反应，即不可不寻出如何使教材与儿童经验联络之方法。吾人若欲使教材成为儿童经验之一部分，即当注意此节，否则至多不过使之为机械的记忆，不能于经验有所增益。须知儿童心理本已成定形并非空洞的，所提示之教材，若是与心灵背拗太甚，将反养成不良的习惯。教材不能引起正当的反应每由于不曾得到正当的材料，或此材料未以合适方法提示于儿童。

四、教材与儿童

由以前所述，从教材与儿童之关系上，可以得着两个断语：

1. 教师须帮助造成教材与生徒自己的经验中间之联络。

前已论及教师之任务，为注意教材与儿童心理中间如何起相互反应作用。换言之，即注意激起生徒之注意与思想等。所提示之教材须是透彻的与正确的，否则内容无论如何高妙精深，但不能使他们了解，结局一定不能引起相当的反应。譬如，有人用希伯来语（犹太文）对一群不曾习过此文者为极高深的演说，如何能得着益处？

在小学校中，若是教师或教科书所说明者，远超出儿童经验以外，其效力无待明言。又不从实际问题下手而以逻辑的方法教授数学等科，其所得效果亦同。教师在教室中实施教授时当留意造成此层联络，自是不易之理。

2. 教材自身必须与学生经验有多少联络。

第一项系指已有现成教科书于此，教师当如何使用之；现在所要求者乃是教材自身须适合于生徒之需要。教材自身若与儿童经验没有关系，虽是教术最精的教师，恐怕亦不能创造一种联络。

兹就历史与地理之材料说：自然的历史与地理之教材当与生徒经验有多少联络。但是，如历史科如何能与儿童现在的经验相联络？譬如，要教授中国五百年前之历史时，彼时儿童尚未出世，如何得将其经验与之相连起来？又假设教授数学时，如何能令生徒了然于 $\sqrt{3}$、$\sqrt[3]{3}$ 或 a^2、a^3、a^4 等所代表之意义？此等均与儿童经验完全无联络，当如何着手教授？待以后再讨论。

五、教材之选择与编定

教材之来源前已略述，兹再就历史教材讨论之。历史乃是过去的人类经验之残余，因为现时的人类知其于现在及将来的生活上之重要，所以将要紧的一部分选择并保存之。但在过去中所发生之事故极多，若将其一一记载下来作为教育的材料，其势亦有所不能。显然只有最重要的，与吾人相信为于将来生活经验不可少的一部分，始将其选择并传遗下去，使成为将来的经验之一部分。历史之来源如此，其他别种学科如文学、地理、算学、理科，所以被选作为教材之一部分，相传下来，亦是因为人类信其值得保存，值得作为后来经验一部分。

将各科之材料，为众人共认有保存传遗之价值者加以精炼淘洗，组成系统，以供传递之用，是为教材之终局。

教材代表标准的社会意义或价值。所谓标准的（Standadized）者，即指在全体过去的经验中，为人相信其有保存与传下之价值者。但是"相信"两字有时易误解，有许多事物为人信为重要与有价值，实在并不重要，并无保存之价值；亦有许多有价值与重要事物，而人不知其当保存者。所以，各国教育上教材能符合此标准者甚不易得。通常教科书上每包括许多于儿童现在生活并不重要者而遗弃许多极重要者，因为学校中的课程大率都是极守旧的。社会生活之经验时常变迁，有许多教材系在从前社会情况下组织起来，现在情形已变，而教材尚未变动，故其价值因以减少。欧洲学校自中世纪以来即非常着重拉丁文与希腊文，其后社会情形已变，科学已逐渐发达，拉丁文等仍独握霸权，直到现在仍有一部分残余势力。中国几千年来教材之内容总不外古文经籍，直到近二十五年来始渐扩充，加入现代科学，减少经籍钟点，此亦因有各种新事故发生，社会已经大变，故不得不有变通。

前已论及通常教材多由教育部选择规定，于是又生出一问题：此等教材如何可与学生经验发生关系？有些因袭的教材，其内容一经考察后，便觉其与现代生活毫无联络，如此课程即系无用。因此，有时教师虽有极良方法，受过极完美的训练，假使教材背谬，不合经验，其效果仍归失败。

由此可见，选择教材或规定课程表时，首先当研究社会的情况，看所定课程表是否能应付社会的需要。如设备职业教育时，便当估定何种学科最为重要，及以何法判定其重要。凡此皆须从社会之现实经验下手。由此便可看出教材在实际生活上之意义与价值，及其能否代表现代生活。

六、因袭的教材上之错误

以前所论多系理论的或普通的方面，现在专论学校之实际的功课方面。选择教材上最常见的困难即是与儿童经验上之联络。兹将因袭的或习惯的教材之谬误分述如后：

第一，在生徒之经验以外：通常教材之选择多从成人观点，所以多系在成人经验以内，而完全在少年学童以外者。此为学生经验与教材中间之分裂之第一原因，前已屡及，兹不再多述。

第二，兴趣与组织之中心不同：在儿童方面，中心是动的、属人的与具体的；在学科方面其中心为智能的、逻辑的与非属人的。此在前论教师与学生对于教材之观点时已涉及。兹举一例可以愈为显明：假设要问何种地理知识为现时所当教授，与如何教授。吾人皆知当儿童初到学校时，并不知何为地理，但彼早已熟知自己住宅、校舍、邻人与亲戚之家宅所占之位置，街道桥梁之布置等，此即为地理知识，不过不是以教科书方法组织起来而已。彼等所知者均属个人的、具体的经验，而地理科（学校的）则多非个人的、抽象的，与儿童来到社会上生活由做事所得者大异。

历史科亦然，若是依年代先后讲述历史上许多零碎的事实，其结果必无所成就。最好由关于他们祖先的著名有趣味的故事起头，或带他们去往戏院中看历史的戏剧，或由年长儿童自己扮演历史的故事，皆是将历史科与他们自己经验相联络之方法。

又如，算学原系抽象的科学，似与儿童经验无关系，但是实际上多数儿童在未入校以前多已由计算钱币、购买物品而得着若干数学经验，此亦大可利用。

七、教材编列之次第

学校中标题之次第（Sequence of Topic），应随经验自然发展上之先后，此即指教科书之编列须从自然次序，此系口头的说法，用较为具体的用语说，其次第如后：

第一，在小学校中教授任何学科之初步，皆当着重做事的、属人的与社会的方面（Emphasise the doing personal and social side）。关于此点前亦已论及，总之学生当有充足的做事机会时，最能应用其固有的经验并获得新经验。杜威博士自云当其初入小学校时，第一堂上地理科时，开首即是：“地理者，论述大地之学科也。”后随便是南北极、赤道、黄道、五大洲、五大洋等定义，地球与太阳之关系，八大行星之位置，日月蚀之原因等等，此等事物均是完全与儿童固有经验相隔绝的。

学生固有经验乃是智识之基础，凡是没有此种联络者即对于学生完全没有何等意义。所以现时改良的方法，所谓乡土科（Home-geography），即是专注重儿童之个人的、社会的方面者，将他的经验用方法扩张起来，由观察所及渐使得着陆地、河流、山岭之观念，然后以逻辑的方法组织起来，至关于其他观察所不及之事物则可渐以推理与想象等补充之。

历史教授方法之改良，亦当从个人的、具体的事物下手。如由一个伟大人物，尤以与本地方有关系者，或本地方之历史上的建筑物下手，然后再渐推到较远的事物，自不致发生何等困难。在中学与大学学生习学此等学科时，即无庸费如此长久的时间；在小学校需用一年时间教授者，在中学或大学中可于数星期完竣。以上系谓教材须与经验之自然发展相符合。

前所言做事的、个人的与社会的方面者，即系由做事方术上（How to do）所得之知识，其结局为与某种事物之熟悉或熟识。儿童在未入学校以前已经熟悉许多事物，即已具有许多属人的或亲切的知识，如他的家庭、父母、兄弟、姊妹、亲友等等，皆是他所熟识者，此等事物虽不能算作有系统的知识，但此等粗浅经验实可供教育上之利用。例如，儿童在入校前，即已由洗濯、沐浴、饮茶等事而熟悉水。此即为儿童之水的知识，但他只知悉水之功用，而不知其成分；他仅知饮水可以止渴，但未必能知饮水后生理上所起之变化。又如，通常人人都知太阳是热的，可以晒干衣服，可以助植物生长；但是知太阳所以热，所以能助植物生长之理由者，实在极少。凡是学校以外的知识皆属此类，虽然有不完全地方，但欲引伸之使与学校知识相连属，却是不容或少的。

第二，从起首直接的知识即是与传授的知识相混合的（The direct knowledge is mixed up with communicated knowledge）。所谓传授的知识即是由他人所告知或授与之知识，即在自身实际的活动以外者。此种知识亦称为识见（Information）或关于事物之知识（Knowledge about things），至于第一项所述由直接的个人的熟悉所得知识可称为事物之知识（Knowledge of things）。例如，中国人多知一些关于美国的事情，其来源或由于读美国历史与地理，或所曾游历者之谈论，或所做的事系与美国有关系，或与某美国人熟识等，由此所得关于美国之经验即是混合的，其中有直接的，亦有非直接的。将直接所得经验与传达的经验联合起来，即成为一个完全体。

由此可见，教师同时亦当注意传达此种知识，最好是寻出机会将传达知识与直接知识融合一气，则此种知识在儿童生活上即能与直接知识有同等势力。反之，若学校中一方面加增间接的（传达的）知识，而不设法使之融会于经验中，则教材必致成为堆积的层叠，与生活相去渐远，教育将成为灌注之事。所以此种知识虽系间接的，与前者不同，实际上却不可执定此种区别，当设法沟通融会之。

第三，组织于逻辑的、科学的基础上之事实与技能（Facts and tricks which organized on logical scientific basis）。此种知识系由专门家之立足点而组织之者，是即经过证实手续之科学的知识。科学知识代表知识之最完备形式，比较他种知识为确实庄严，但是教授时亦当设法使之与儿童经验连结起来。

兹仅就一事略述其梗概：通常学校教授理科时，多是将科学专家研究所得之结果，用专门名词报告于年龄幼稚之儿童之前，此等专门知识系代表智识发展之最高的造诣，与儿童本来的经验相去甚远，如何能强其了解？反之，若从眼前的事着手，如利用学校园以教授植物学，则生徒可由观察，种子之选择、栽种、加肥料、发芽、生长、开花、结实等，便可渐熟悉植物生长之情态，此即将高深的科学变成直接的个人的知识之方法。由此所得知识再加以传达之知识，不难渐渐将所积累者加以考验、分类、整理，而组成完全的科学。

以上三种知识，后面三章逐一讨论，第一种直接知识以游戏与工作代表之；第二种间接的知识以地理与历史代表之；第三种逻辑的知识，以理科代表之。

第十八章　游戏与工作

一、总说

前章论教材之性质时，其主要问题为学校之学科须如何方能与儿童经验相联络；末后并指出知识之发展次第有三个等级，今再略为说明，以见本章及以后两章与前章之联络。

第一，知识之起首与基础，为由个人的活动及个人的接触，所得关于事物之熟识（The beginning and basis of knowledge is the acquaitance obtained by personal activity and personal contact.）；即由个人活动之形式而获得与事实及事物之熟谙，是为学科之基础或起点。由游戏与工作所得之直接知识即属于此类。

第二，以前项直接知识为基础，可进而获得他人经验之间接的传达或识见（Inter-mediate comunication or information of the experience of others）：第十九章所论"地理与历史"即属此类间接知识。此两学科系代表个人的活动或接触以外之事物；将生徒引向一个较广阔的世界，使之不但与现在与本地人类交际，且与过去的人类及世界上各部分人类相接触。

第三，知识之最高等级为依逻辑方法组织的科学（Logically organized science）：即经过试验实证之科学，第二十章专论此种知识。

以上系知识之自然发达次第，凡规定课程者，尤以初等小学之课程，须符合此点。须知一切教授之事，并非灌输一定数量之知识，而乃增益学者之经验，故不可不从学者自身之经验起首；然后再按次说到较为理论的方面。换言之，教材之排列，须依从心理发展之次序。

二、作业之解释

游戏与工作（Play and Work）两者可以作业（Occupation）包之。现先将"作业"一字解释之。此字极易引起一个谬误的观念，每使人联想到手艺（Trade）或各形式之工业，如木工、织工、刷印工各行业之类。此字在英语上有各种用法：有时用于营利的业务或工艺，但有时又用于十分不同的意义上。"作业"一字有时用作 Engaged（即从事之意），如说某人方从事计算，其意即指某人方"Occupied"之意。至于"作业"用在教育上，则完全不含有工艺或特殊的职业之意。

由此作业之定义，可得说明如下："作业系一种活动，能于颇长久时间中吸引人的注意力，并且具有一定的程序。"（Occupation is an activity which engages or absorbs attention for a considerable length of time, and which has a definite procedure.）

此定义包含三种要素：（1）活动；（2）时间之延长；（3）一定的程序。凡一举一动均为一种活动，但单独的动作，不能算作作业。凡称为作业者，其活动须为连续的，延长一定时间；此外，还须有一定的秩序。例如，以手击桌作声不能算为作业，因其仅为单独的动作，不含时间与程序之要素。又如，儿童着手制作一小舟或他种玩具，即不仅为单独的动作，其中占有一定时间，且有一个规定的程序，或有秩序的次第，是即为本节所指之作业。

照此广义的解释，商人之业务当然也是一种作业，因为商业之事亦须经过长久的时间，并牵涉许多动作与规定的程序，工艺或工业亦然。学校中之游戏与工作，既然为达到某目的之一种有继续程序的活动，当然为作业之一种。

三、学校何故当着重游戏与工作

本节说明学校所以当着重游戏与工作之理由。简单的答语即：因为游戏与工作乃是知识之自然的起首。试就常见之事说：一人在学校中所获得之知识颇属有限；有许多银行家、实业家等并未曾在学校中求得许多学识；他们实际上所以能成功者乃是因为他们常与许多有关于其业务之事物相接触，故能从实际活动中获得更为有生气的知识。当其从事某种业务时，关于某业务之知识最足以吸引其注意，因欲谋业务胜利，实有不得不出此之势。加之，由此所得知识均属亲切的、立时可应用的，因此遂致学校以外之求知识每较之学校以内尤为敏速容易。关于此层亦是我们学校，尤以初等学校，所当利用之一点。

当利用之先，自当研究各种工作与游戏（或合称作业）中，究以何者最为适宜，且结果可携来最多的知识？此问题为负有指导教育机关之责者所应特别重视。

从前一般教育者，每不能了解作业在教育上之真实的价值。他们以为作业之采用于学校中，系因学校正式功课太多，儿童每呈注意不专或疲倦之状，所以给他们以某种作业以资苏醒精神，活泼身体。总之，以工作与游戏之价值为消极的，乃用之以救济他们对于学校规定课程之疲倦，使之稍为觉得满足并恢复其精神。到后来方渐发觉作业在教育上之积极的价值。佛贝尔氏系首先以有系统的方法，研究游戏所含之教育的效力者。

但是，至今仍有多数人怀着偏见，反对学校中为游戏之设备；其意略谓此种办法极愚拙，浪费光阴，因为儿童们在学校时间外，自有充分的时间做各种游戏，不应当在学校正当时间内复占钟点。此种错误乃出于误解游戏为娱乐之故。关于娱乐后再解释，若游戏果然即为娱乐诚然当排除学校以外。但是，作业实非娱乐，乃系使学生得以熟识事物之基础，且给之以适当的材料与工具为学习上所必不可少者。

四、作业之分类及其利用

在学校中有用之作业，可依后列三标准分类：

第一，从材料（Materials）之立足点分类；

第二，从程序（Processes）之立足点分类；

第三，从所用工具（The tools used）之立足点分类。

学校中一切作业均可归纳于三者之一中，但亦有数种作业兼含此三者，即如第二种所述之程序，即为各种作业所不可缺者。通常工作大概兼备此三者，至游戏则有时完全不需工具与材料。但工作与游戏之分并不在用材料与工具与否，因为游戏有时亦需工具，如网球、篮球，即非有物质的材料不可。

作业之教育的功效大略说明如后：一切工作均需材料，由材料可以得着关于事物之正确的观念；此时不但可以练习触觉，且同时可刺激思想。譬如，儿童用木头制作一玩具时，即可借此熟悉木头之种类、颜色、硬度等，因此不知不觉中可积累许多正确的知识，所以说作业系获得知识之自然的方法。

又各种作业均须经过一定的程序或手续，学生由此可获得一种技能：包含心的技能（Mental Skill）与体的技能（Bodily Skill）。有些作业似乎只用手一部分，但是多数游戏或工作常牵涉全体，如眼耳口手足等每同时均在活动中，此时即要顾及各部分动作之相互适应或调理，其效力所及即不止为身体的，而且为智能的活动了。

进一步解释，各种游戏均不止为身体的。例如，一群儿童之共同游戏，即最足以发展其智能的技能，或者可称为社会的技能（Social Skill）。因为团体中各儿童可以从彼此间学习如何令自己行动适应于众人，及如何令他人动作适合自己之方法，由此可养成共同工作之技能与习惯。

再论工具方面：因为应用工具于工作或游戏上可以得着操制能力（Control Ability），即是控制、操弄工具之能力，用之以完成事物（Ability to manage, manipulate instrument by which things are accomplished）。

用较为广记的话说，即是方法（Means）与目的（End）之知识，及如何使两者互相适合无间（即所用方法能确实达到目的之谓）。由工作方法上所得之知识均属最根本的与最有用的。

一个学者当其出而任社会的或政治的平常事业时，何以每致失败？而一般并未受过高深的教育者反能饶有余力以对付此等事物，其故又安在？对于此问题之简单答语即是：学者之知识乃由隔绝的方法获得，而实际家之知识则系由做事得来，故能将理论与实际沟通起来。由此更可见我们苟欲使学校所造就人才更为有效用，即当在教授上将目的与方法结合起来。

五、如何选择学校中之作业

前节论作业之分类及其功用，至于何种作业当应用于学校中，则当随地方情事而异。中国与美国之需要固然不同，即上海与北京之所需亦有异。可见，不必亦不应用同样的作业。然关于作业之详细设施虽不能有一律的规定，但一般的原理与一定数量之模范的代表物（Typical Representives）则未尝不可先订定。于此可得三种根本的必需品（Fundamental Necessity），乃各地方所同需，不论城市与乡村，文明社会与野蛮社会。此三者即：食物（Food）、保卫（Protection，包含衣服及住居）及社会的调理（Social Adjustment，即人类与人类彼此间关系调解之方法）。前两者关系于物质的环境方面，后一种则属于社会的环境方面。学校中的作业可以从中寻出无穷材料来。

以上三者，除却衣服对于住在赤道之野蛮人非必要外，其余人类无古今文野殆无不认之为根本的必需品。所以关于此三者之方法与目的，无人不加以注意。学校课程表上所规定之作业，应当十分广博，堪为人类兴趣之模范的代表物。

至于达到此目的，自然有种种不同的方法。如烹饪即系关于食物方面者，园艺亦间接关于食物方面者，均为具有根本的兴趣之活动或作业。又如栽种棉花、纺纱、织布、缝纫一类活动，则系关于衣服方面者；将此类活动前后连贯起来或更引伸到毛织工业上，最足启发知识，增益经验。

以上所引两例——园艺与纺织——其活动皆趋向一定可睹的结果。又制造玩具的房屋，亦有同一效果，幼稚园之儿童常用木片等物造成房屋，使木偶人居之，并为之制造布置桌椅、床帐、衣服等物以供其用，此种活动最为儿童所乐为，亦最能增加其技能与经验。至年龄较长儿童，由此可更进而研究建筑之专门技艺。

前面所述仅为一实例。在实行时，我们对于年龄不同，才干不同，性质不同，地域不同之儿童，当随时变通，不可拘执。

再举一例：印刷机之程序在学校中之功用现已昭彰较著。儿童由一本书或抄写方法而学习拼音、标点、造句等颇不容易，现已有人发明印刷机实是练习拼字与标点之最妙方法。又在中学校中教授外国文时，若使用印刷机，让学生将各个定拼合起来，然后印在纸上，观其印迹如何，于学习外国语最为得力，已经有人证明。

至于唱歌上所用之乐器，游戏表演上之各种复合动作，则均属于社会的调理方面。譬如，众人合唱时或共同游戏时，总当时时留心他人，因以范围自己的行动，此层前节亦已提及。

六、常见之错误及其纠正方法

后所列举之数种错误，为学校中应用此种活动时所最易犯，分述如后：

第一，错误——形式的号令与规律太多（Too much formal dictation and regulation）。

需要——个人的选择、试验、做错及改正错误之机会，即是给之以较广大的自由，以磨砺其创发力。

试到学校成绩陈列室中，我们常见许多同样的图画与手工作品；由此便明示此等图画与手工作品均系由教师先给他们以同一的范本或目的物，而命令其这般做，那般做。此种方法之最大价值不过给学生以手的训练，由此所得之技能是机械的，不是智能的。反之，若是给他们以一定范围之自由，让他们自己选择其达到目的之方法，则不仅可增加技能，且能启发其创发力。

在游戏上亦是如此，每极力注意学生动作之一致，其实所谓整齐划一不过表面上好看，于教育上并不能有多大的价值。总之，无论何种作业均当给学生以充足的选择与试验之机会，除非他们误入迷途太远，方有给以忠告之必要。

第二，错误——教师对于固定的产品太注意（Attaching too much attention to fixed products），常给与学生完成材料。

需要——多给以原料，俾自施以工作；不可给与现成标本使为机械的模仿。

通常教师每将结果看得太重要，其意盖以让学生自由做出成绩不良的物品来，于他们面子上羞愧难堪；因此教师多是给学生一个模型，使他们照样描拟出来。如此可以免除错误，易得良好的结果。因此，在制作之程序中教师做了大部分的重要事件，而生徒之活动遂成为限定的，其结果使学生无用思想之余地。此种方法，总言之，即是注重成绩品或作业程序中之结果。在实际上，便是不敢给学生以粗野未制的材料（Crude Material），而给他们以制造成功的各种形体；其结果实不能发展他们的发明力，或给他们以达到目的之方法之意识。幼稚园所用的恩物与蒙台梭利的教具，即不免蹈此弊端。

欲改正此缺陷，于作业上当多给学生以粗略形式之物件，让他们利用自己的心思以为应付处理，断不可为省避麻烦而给他们以已经完成的物品。如是则学生于制作之程序上，能了然于达到目的之方法；创发新事物，应付新境况之能力，均可于此养成之。于此普通粘土工最为适宜，且代价甚少，易于实行。

第三，错误——对于专门技术太注意（Too much attention to the technique）。

需要——对于宗旨或目的之觉悟（Conciousness of purpose, aim）。

生徒在作业上，欲使其动作成为智能的，其一举一动均当受目的与方法之意识所操制。换言之，即须了解其工作之全体目的，不可太注重各部分之细微技术方面。譬如，要制作一个木匣，其中包含很复杂的程序，如何锯木为板，如何刨之使平，如何逗合关节等等，均为完成一木匣所必经之手续；但此均属专门技术方面，在欲专精木工技艺者自属必要，但是在利用之以教授学生时则否。学校中之木工决非为练习专门技巧而设，学校中所注重者，当在使学生了解全体作业之目的，听他们自己选择其达到目的之方法，技术方面乃其余事。如教师提议教学生自由做成一个镜框，至如何做法则让他们自己商酌决定，找出一个最好方法；如是他们做了一两个之后，自然对于制镜框之技术发生兴趣。图画亦然，当使学生注意集中于其画之全体，不可专强其在细目一点一线上用许多工夫练习，因养成技术在小学教育并非最要之事。

数十年前，美国学校中之图画皆只是一种练习。常令学生费许多时间练习此等技术，如直线、水平线、平行线、方形、多角形、圆形等等。往往这样教下去一年多，而学生尚完全未学会作一简单图画。此等技术皆属专门的性质，凡欲成为美术家者，自然不可或缺；但是我们须知一班中之学生，并非皆要去做美术家。新的改良的方法乃是让儿童任意作代表他们自己的经验之图画。他们所作的虽是粗率的、非美术的，然确实可以给他们心中一个明白的观念，且可发展他们的思想与想像力。

七、游戏与工作之社会的价值

游戏与工作之价值，其主要点在其能代表社会的生活之情况。人类之普通的共同的注意皆集中于衣、食、住、用具及关于生产与交易之器物上面，其中均含有社会的意义。学校中之有园艺、纺织、木工、金工、烹饪等，其目的决非实利的，而乃属文化的（Liberalizing）。经济的元素在近代社会生活上愈形重要，致令教育上不得不由学校之作业上，使学生渐明白人生必需品之科学的与社会的意义。因为只有最透彻了解社会生活者，最能适应现代之社会。

以前所举食物、住所、衣服等，均含社会的意义，故可利用之以创造社会的知识与调理。关于此点前已略及，本节仅举一二最明显之例。

园艺在各种作业中为用最广，学校中用之并非为消遣，更非为训练农工，而在其本身之教育的价值。我们由栽种植物可连带及于理科、光学、土壤、空气等知识，由其发芽、生长、开花、结实上面，可以得着极完备确实的植物学知识，虽然名目上不是称为植物学；只需教师曾受过相当的训练，能以相当方法进行便好。

园艺又可联络到地理与历史上。如米麦之生长系以何种条件为必要？哪几省之主要食料为米？哪几省为麦？米麦在各地之分配如何？何故有此差异？由此可见最初虽起于小范围，但推之可及于实业及其历史等。再推之可及于气候、雨量、世界之区域等等，由此可发展无量数的知识。

就历史方面说，文明之起，始于人类有了定居时；人类之定居，始于农业时代，故农业与文明关系至为密切。农业之起，为人类由选择与培植之作用，改变野生植物为家生植物，由此给我们以关于农业之根本知识，并使吾人了解历史之原理。试以历史上事实证明，处处可见农业改良与发明，即为野蛮与文明之疆界。历史上文明发源之地，皆系土地最肥沃的所在，如埃及之尼罗河供给埃及人以发展农业及其他活动之机会，尤为显著。

八、游戏、娱乐、工作、工业、苦役及艺术

以上六词表出六个不同的观念，但彼此皆是有关联的。游戏与工业不同，亦与苦役大异，皆显然易见，试将其心理学上之差异说明。

苦役（Drugery）是一种劳工（Labor），其中含有困难与苦楚，欲克服之且获得结果，非经痛苦的努力不可。苦役是一种极端的、单调的劳工，其所有事只是往复做同一的工作，故为人所疾嫌，久之常致激刺不安，但又负不得不做之义务。此种工作不但异于游戏且与工业中常态的工作不同，因其为单调的与逼迫的，且所得产品乃供他人满足，非供自己享受。

学校中之工作固然也包括一定数量之劳工，但是不必一定要产出在经济社会上可以贩卖之物品，即间或有之，亦是偶然的，故与工业不同，更非苦役之比。

照心理学解释，工作即是一种连续延长的活动（Continuous, prolonged activity），而受产品之意识所操制（Controlled by a sense of product）；换言之，即所有活动及所用之精力，均系为得着产品之故。心中先有一个产品之意识，自然是重要的，因为由此方能明白欲达某目的当用某方法，不致误用靠不住的方法；否则心中既无一定结果之观念，所为必致紊乱不定。

游戏与工作中间之差异，即游戏乃是受目的（非受产品）之意识之操制。（Play is controlled by a sense of an aim, not product.）试以球戏与制作木匣比较：两者均须用工具，均为连续的活动，均当随从一定规则，不能任意做去。所不同者则工作之目的为一定产品——完成的木匣，而在球戏则无所谓产品，活动自身即为目的，完场之后，完全看不出何等物质的产品，其唯一之动机，即在竞争心。

儿童生来有爱游戏之天性。他们视工作与游戏无异，故其享受工作亦如其享受游戏。他们对于工作不是以之为一种劳工；他们不喜终日游戏，因为无有可睹的结果；所以他们也喜从事工作，造出一个结果来。看出自己活动所成就之结果，乃是儿童最大的快乐之一。

前面已将游戏与工作之别说明，兹再解释娱乐（Amusement）。一个人必须劳动，同时亦当有娱乐时间。娱乐或作乐系与劳工相对立的，为对于劳工之一种救济。但在儿童本来无需劳工，所以也无需娱乐。他们由游戏与工作得着同等的满足，已无需再要何等补救。又学校中若处处用娱乐以娱儿童，必致养成偷安恶劳之习惯，其影响至恶。反对游戏在教育上占一席地者，即多出于误认游戏即为娱乐者。

艺术即是游戏精神与工作之结合。（Art is the combination of play-spirit and work.）例如，美术家以云石造像，此种工作有可捉摸的产物，故含有工作之要素。若作像者为真正的艺术家，一定能享受他的作品，在创作之程序中能将精神贯注到工作上，是即为工作与自己心理态度之融合，乃是工作之最高的理想的程度。

第十九章　地理与历史

一、经验与传达的知识

本章与前章所举知识之三阶级中第二阶级相符合，即是由他人经验之传达所得之知识，通常谓之识见（Information）。地理与历史为属于此方面之知识。

个人的经验，其区域原来皆是狭隘的；凡人年龄愈幼者其区域亦愈狭。儿童在家庭中所与来往接触者仅为家庭以内之人与少数事物，迨及年岁渐长，交际范围日广，与事物接触之机会渐多，于是经验即日逐渐扩大至于无限。

虽然，一个人年岁无论若何，其由纯然自己的活动所得之经验总是有限制的，故不可无传达的知识以补助之。由传达的知识可使个人与其出生前、死亡后及身所未亲历之地方相熟悉接触。例如，天体位置距地球甚远，但科学家能借工具之用，为精确之推算，使成为人类共同经验之一部分。

本章所述之地理与历史即属于传达的知识。历史与地理何从发生？吾人皆知历史系吾人出生以前所发生之事故，所以时间上，乃是过去的事。现时借书本与讲演，将此类事实带到儿童经验中。若是有人对于历史上之记录不肯置信，吾人又可由古代之断简、残编、钱币、残物等所表出之联络地方以证实之。

地理上所记载上及日月星辰，下及各大洲大洋。此等事实，空间上系在吾人经验以外（科学的知识亦然，后章详述）。多数人从来或者一生不曾亲履北极，但是有许多探险家曾经将他们的观察研究记载下来。多数人虽不能往非洲内地去，但是非洲内地之山川人物土产等已有人详细记载下来。所以，我们正不必亲历其境，即可将此等事物结合起来，组成一个有生气的经验。

二、间接的知识之来源

由前所述，可见所谓地理与历史，即是在个人出生前或别地方之事故，由身历其境者记述并传达于我们，所以称为传达的知识，或间接的知识。前章论直接的知识，谓其来源有二：游戏与工作。但是由直接作业所得知识总不免狭隘，欲将此狭隘圈子扩大起来，有两个道途：

第一，由于他人的经验之传达：举最简单的例子，儿童听见人谈道他的祖先之故事，或远隔数千百里旅行所经之山川，此等事即为发生于儿童出生前之时者，或身所未历之地者，儿童之获得此等知识皆系由于别人的经验，故属间接的知识。

第二，由于推理推论：例如研究地质学时，我们不但可以知悉我们未出生以前的事，并且可推知世界未有人类以前的事。关于此等知识系由于推理而来。地质学家由石头、化石之类，因其呈现植物或动物之形迹者，加以分析综合之研究，复参考他人研究所得，即可成立完全的地质学。又如日球、星球等离地甚远，我们何以知其距离与大小？不外由他们之光度、旋转速度等而推论得其究竟。科学的知识，多属于此类。

三、间接的知识之价值

试以一毫无知识的儿童之窥视望远镜与一专门天文学家之用望远镜相比较：前者所得不过光线阴影之感觉而已，至受过专门训练者则能知悉所呈现眼前事物之意义。又如，一个儿童或无专门知识者看见一块石头，上面有仿佛平行的痕路，彼等不过目睹其痕路而已，至专门的地质学家则由此一石可推论到全世界。推论到未有生物前之冰川时代（Age of Glacers），即当大地面积完全为冰所覆盖，后来冰在地面渐渐移动，因其与石相摩擦，以致留下痕路云云。

前举两例，其主旨即在指出经验之所含义。任何物质的物件，均可含有极富的意义，完全在各人之才量如何而定。例如，一块石头在平常人看来，不过是一件物质的物件，没有多少意义。但是，一个地质学家却由此而推论到地质学上一个时代。此时代改变了全地面之外形，并影响后来的历史。如中国及美国之土地山川等即均系冰川时代所产生之结果。因山川形势又能影响社会上一切情况。如耕种农业不用说是与土壤极有关系的。又如瀑布可以帮助工业发达，亦是冰川时代所形成。可见，科学家能将似若无意义之物质的物件，意义加增起来，而推论到全世界。又如一个古币上面铸有人头及其地记号：在一般人至多不过认出它是一个钱币，但是考古家更能指出此币系铸于罗马某时代，人头为某帝王之像，并可联络许多岁月以前所发生种种事故。

由此可见，任何物质的物件，其意义与价值均可增加至无限制。经验之增长即赖此意义之增加。因此，每有两人对于同一事物之经验，其间相去甚远者。教授地理与历史之价值，即在增加个人由直接作业所得之经验。世间一切事物，均能使吾人经验日益增富。一个人自己的环境总是狭隘的，无论如何作无休止的、遍漫的旅行，总不能穷世界一切事物。即欲彻知一个城市亦非极多时间、极大努力，不能得其梗概，何况欲穷究古今与全世界之事物？由此愈见吾人不得不借他人的经验，以补自己之不足；因以使其意义丰富而渊深，是即为研究历史与地理之目的。

四、直接的知识与间接的知识之联络

总之，教授历史与地理，不可仅给彼等以书本知识，当设法启发彼等对于全世界之求知心，由此扩大其经验，俾其所含意义愈加丰富，且能继续生长。

至如传达的知识必须如何方能成为真正的经验之一部，不致仅为分离的、隔绝的、堆积的识见？此首在设法使直接的知识与间接的知识相糅合或混合（Fusing and Blending）。进一步解释之，即谓凡良好的教授皆暗示与那种直接的、密切的或个人的经验之联络。反之即是历史与地理之教授与个人的经验完全隔离，不能由两人或两人以上经验之混合而增加其意义。其效果为所得知识成为孤立的、与生活无关的、干枯的事实，不能引起求知心，或养成正确的观念。

前面所说之主要意义即是谓良好的教授，或真实的教育，须运用心思，将历史或地理教材与儿童自己的经验联络起来。在使他知悉世界上别部分之地理时，须同时设法使之与他自己的生活经验造成一个有生气的联络，不可像货栈之堆积货物，将它一层一层地积累起来。如历史上讲到一个生在千年前之帝王，或地理上讲到世界之大川大山时，表面上原与儿童经验没有丝毫联络，但教授时总当设法寻出一个联络的线索。

此种线索，简言之，即是现今真实的问题，将从前历史上所有事业与运动各问题与现时所发生之问题有关系之点提出来讨论。在地理上亦是如此。如在北京地方讲授中国地理时，最好先从北京本地入手，北京为直隶之一部分，直隶又为中国之一省，所以可以按次教授，经验便不致过于浮泛，漫无归宿。

五、地理与历史之关系

地理之最普通的界说即："地理者，人类所宅居之地球之科学也。"（The science of earth—the home or habitat of man.）有以地理即为地之科学者，其实与其以地理为地之科学，毋宁以之解释地质学较为确切。简单看来，地理可以看作人类活动之舞台；即从此点，便可看出地理与历史之联络。

凡研究地理者不可视之为一个物质的物件，而当从人类活动方面研究之。试观察各学校，同一教授地理科；此校学生对之兴趣横生眉飞色舞，而彼校之生徒则对之极端嫌恶，只为学校规定不得不勉力学习。其主要原因即在前者能将地理上事实与人类活动相联络，随时有人类经验相伴随，故能引起学生的兴趣与求知心；后者反之，只以枯干的事实灌注到儿童心中。

教授地理时提出此等异常可惊的事实，如热带之酷热与奇异的动植物，寒带之严寒，生活之特点等，固然也能引起儿童的兴趣。但是此种兴趣易于枯竭，不能持久；反之若将地理上事实与经验相联络，其足以引起兴趣之资料，可以取之不尽用之不竭。譬如讲地理时，先提出爱斯基摩人的生活一问题，其中可以谈到他们所用的食料，所服的兽皮，所住的雪窖，地面如何为雪满覆，如何六月为昼，六月为夜。如此谈论可使地理教材愈为生动。若专就物质上特殊物件说，而不管它与人类的关系，虽然一时间亦能鼓起趣味，但是容易枯竭。当最初对儿童谈论高山大水时，并让他们看此类图画，固然亦能使他们觉得有兴味，但若几经反复，恐怕要成为味同嚼蜡；反之若与他们谈论高山大水如何影响生活，如何影响历史，如何创发文化，如何阻碍移民贸易等，则不仅兴趣可以持久且比较重要。

从历史看来，可见各国家生活无不依赖物质的情况。如美国若是没有密士矢必河①从北方流入南部，中国若是没有大江从西方流到东方，则此两国之历史一定大大与现今不同。盖土壤、雨水、气候等，在历史上实有极大的关系，所以教授时断不可仅视之为物质的物件，当指出它及于生活上之真实的影响。

学校中之教授地理与历史若只是教以地形区划，或古代帝王事略战争等，其效力只能使他们知悉许多不相连属零碎的事实，不能使之发生兴趣，或加增经验之意义。总之，物质的世界终竟不过历史之背景，而历史又能加增物质的地理之意义。

六、地理科之分支

地理科因其内容所论述之方面不同，可以分为各类如后：

---

① 密士矢必河，即密西西比河。

1. 政治地理　我们看地图上有各种不同的颜色及界线，将地面划作若干部分；又有特别的标记指出各国之首都、城市等。此等记号皆系政治的疆界，论其起源多须从历史上解释。如问何故住在瓦斯高山以南之民族操法语，而住在山以北者便操德语？此等政治之事实，须参证各民族之历史始能了然。

2. 商业地理　如某地之主要出产为糖、棉、木材等，而他处之出产则为铜、铁、煤、云石等矿产；又有某地丝绸织造非常发达，而他地则以绒毛织物称雄；此等事实皆属商业地理所论之范围。而工商业上之事又极与人类生活关系至为密切。

3. 地文地理　地文地理（Physical Geography，Physiography）所论为地球外层之构造区分，山川、河流、大陆、大洋、岛屿、湖泊等，都是地形方面的。此种地理之主要点当倾注于其及于人类生活上或历史上之影响。

4. 数理地理　数理地理（Mathematical Geography）亦可称为天文（Astronomical）地理，如地球与日之关系，地之两极、五带、赤道、黄道等关于地球位置之事实，又如四季之更易，昼夜之循环等均属之。此等事实均系与人类直接经验不易相接触者，教授儿童时，须从其对于人类生活之关系上下手，否则不易使他们明白。

七、历史教授应注意之点

历史系记载社会的群体之活动中所有重要事实。从前的社会生活本与现今的社会生活相连续，故由研究已往之陈迹，而寻出其间之联络，可以帮助我们了解现在的社会制度与习惯。

可见，教授历史时，不可以之为过去的事实之账簿，当将其与现时相联络；由现在以追溯其所由来，而阐明其间之关系。从前研究历史者多从纪年的（Chronological）次第，但是吾人须知历史记载并非专为教育目的而作，所以教育者断不可即照历史上纪年的次第教下去。教育的方法最好从一个现实问题着手。例如，提出山东问题为研究之目的物，此时便可究诘本问题何自发生？某国所以能在满洲、山东占特别势力者何故；满洲问题与山东问题之背景为何？此皆为现在的情况，最易令人了解，最易使人发生兴趣。

但于此须毋误会者，即本章之意并非谓历史教授永远不可从过去的事故开始，乃谓教授时总当由现今的情况指明过去与现在之联络地方。人生本来甚短，而学校期尤短，故欲将全部历史事实巨细不择全部研究一过，乃事实上所不可能者；所以教授此科时，不得不专选择那些与现在有关系之点，将个人之小经验圈子渐推渐广。

发生于千百年以前的事，若是完全不能给吾人以解决现时问题之光明，此等事实即是死的、无用的。若强以之为教授之资料，不唯不经济，抑且令生徒头脑为此等死的、零碎的事实所缠绕，而不能了悟。所以，教授历史时，我们所需要者乃是从历史上将此类足以助人了解现在之特别事实选择出来。

故事、图画、想象、古代器物皆历史教授上之重要元素，因其可以使历史事实愈为生动；此外，最善引起人的注意者为表演方法。如今日读过一篇小说，随往戏院中看他表演出来，或由学生自己扮演出来，此法最能令学生将书上事实一一牢印在头脑中。

综言之，历史之价值在于使吾人了解过去；所谓现在者无处不受过去之影响，实际上极难将现在与过去完全分隔。进言之，除非追溯到过去，恐难令人明白现在。对于一切事，若是没有一种历史的了解，其知识总是浮浅的。譬如，有人要研究一国之租税制度，此系与全部历史相纠缠，非常复杂。没有人能够彻底研究此问题，除却他知悉全部的过去历史。历史之价值即在于此，否则全部历史将一无所用。所不幸者现在一般教授历史方法，多是将历史与现在情况分隔起来，此点亟待改革。

八、历史科之分类

历史因其内容可分为下列各类：

1. 传记历史（Biographical）。儿童之学习历史最好由关于个人的事起首。如美国小学校中教授历史时，通常由第一次航海发现新大陆之哥伦布之事迹起首，然后再论到那些为自由而战争之领袖，如华盛顿、林肯、哲克生（Jackson）①、格兰德（Grant）② 等，而对于异常的事实尤为着重。常将这类故事，令学生扮演出来；其中所经之艰难苦辛一一演出，学生于此想像上自然得着很深的感触。此时便不止为过去社会生活之图形，且为现时的经验之一部分。

2. 原人历史（Primitive）。此法在美国小学校中应用最广。教科书中大部分专述野蛮民族之生活，如美洲之红印弟安人在白人未来殖民前之情况，尤注意他们所住之茅舍与所用之独木舟、矛刺兵器等。此中究有何等教育的价值？简单答语：即在其可帮助吾人明白关于社会进化之历史。野蛮人之生活简单，易于一目了然；他们所用之独木舟自然比汽船容易了解，他们所用之手织布机，自然比复杂的纺织机容易了解。从简单生活，可渐引致儿童使明白复杂的生活，且可由此明白人类演进之途程。如前述之纺织机一例，于工业史上居甚重要地位。

3. 政治或军事历史。一般学校之教授历史，每于一国之政治的发展，朝代之更换，皇帝之事略、战争、讲和、结约等事大书特书，其谬误有二：

（1）从学生之观点看，此种事实殊不适于儿童之了解力。盖政治的历史是抽象的，往往与平民生活无甚关系。但在中学校中（按德国小学校中即是如此）欲养成忠君爱国的臣民，尚可以之为教育宗旨之基本。

（2）政治或军事历史多过于偏重过去帝王事迹，而忘却社会之大多数人类，以前历史千篇一律都是如此。所以英国有一位历史家名谷闰氏（Green）③ 者，因为感受此种刺激，毅然欲矫正此偏，作了一部《英国人之历史》（*A History of English People*），表明不是帝王、朝代、战争之历史，而乃人民的历史，实为历史学上一大革命。

---

① 哲克生，即安德鲁·杰克逊（1767—1845），美国第七任总统。
② 格兰德，即尤里塞斯·格兰特（1822—1885），美国第十八任总统。
③ 谷闰氏，即英国历史学家格林（John Richard Green，1837—1883），著有《英国人民的历史》。

过去，政治历史比较上实占重大部分，每夸张太甚，养成人民崇拜古代之奴性。但是，现时一般新历史家已将视线移到一般平民的生活上，不注重皇室之豪华与战争之荣耀，而注重平民之衣食住各项之改善进步。由此因袭的历史课本大大改变，而与经验之接触，亦因之愈近。

4. 经济或实业历史。经济或实业史，系论述人类物质方面之生活者。现今最大的问题便在工业上或经济上，如财货之分配与出产问题，在各国均非常紧迫。从前历史上对之每嫌未有充分注意，今后当渐加意，亦事实所必然者。

5. 智能历史（Intellectual History）。即学术史，如科学史、科学发明史等。据吾人所知英国历史教科书上对于格林威尔①、国内战争②、宪法成立之事实，其记载累篇满牍，而没有一语说到当时革新的科学家牛顿；在法国历史上关于拿破仑之事迹战功记载详细无伦，而于立科学方法基础之笛卡尔无一语及之，殊可诧异。

此种不当的偏重之不良的道德影响，即使儿童认军事的与政治的领袖人物为最堪钦敬，其他均属次要者。此等教授之影响，使社会一般人轻视知识的领袖而崇拜所谓英雄者。其实智识的生活于社会进步，关系最为密切；而智识的领袖对于人群之幸福其贡献亦最巨，吾人今日物质的生活及精神的生活上种种便利、舒齐，殆无不出于智识的领袖之赐者。盖所谓真正的智能的领袖者乃是发明新工具与新真理，使人有制服环境，操制自己命运之工具者；其重要远非政治家或军事领袖所能望其项背。

---

① 格林威尔，即奥利弗·克伦威尔（1599—1658），英国革命家、政治家、军事家。

② 国内战争，即英国内战（1642—1651）。

第二十章　理　科

一、科学的知识与非科学的知识

在论到科学的知识之先，再将第十七章与前两章所述知识之三个阶级重述一遍：

第一，直接的知识：此系得之于亲身的经验者。人生既是甚为短促，此种经验必然的极狭隘。

第二，间接的知识：个人的经验范围既嫌狭隘，故须借口语及文字之传达以获得他人的识见，由此将个人的经验加以扩张及浚深。

第三，科学的知识：前述之第二种知识比之第一种范围自然较广，但较之第三者仍形不完全。科学的知识——理科——系由观察、思考、试验之结果得来，代表知识之最完美的形式。

理科与他种知识之区别，固然也在其范围之广狭上，但其主要的特点实在其获得与组织之方法上。兹先就下述问题求一解决：获得并组织科学的知识之方法如何？当科学未成立之先，知识所具之形式如何？换言之，即科学的与非科学的知识之别何在？

第一，一切知识之起源多由于偶然的事，故从前新事物之发明亦多出于偶然的。此显然与所谓科学的发明不同，因为后者需要经意的、持久的与继续的研究，始能得之。又当未发明科学方法以前，一般人多安于相传的知识不知进取，而科学的知识则能使一人所知悉愈多者，同时愈感不满足，愈欲前进探究新事物。科学一词，其中即含有由经意的探索以求获知识之意味。

第二，非科学的知识系未经甄别的，未评判过的，故其中常间杂许多错误与幻想。一人在非科学的经验中每不能判别事物之真伪，而轻于置信。至于科学的知识则当其成立之先，须经过考验与证实之手续。进言之，即科学的知识使人不以似若真实或似若可能的说明为满足，而更进一步去判别一切经验，并加以证明或否定。

第三，通常的知识多系因袭的、相传的累积物。（按英语 Tradition 含有传授或交付之意，与国际公法上之 Extradition 犯人引渡一语出于一源。）平常的知识之获得皆系由祖先传给后代，如是相沿下去，故其内容自然多受风俗习惯之影响。但若科学的知识则完全非纯然倚赖遗传及信仰，而乃来自观察、思考、试验等，且含有论理的组织之原理。

二、科学的知识之特点

试任取一册物理学或化学之教科书披览一过，然后再将科学的书籍之说明与从来未曾研究科学者所有知识相较，则教科书上有许多定义、原理、公式等，是其与习惯上的知识之一不同点。但知识之为科学的与否，并不系乎其分量之多寡，而在获得之方法。例如，在化学上我们皆知水为 H_2O 之化合物，氢氧两气均非平常经验所能见及，完全系科学所给与我们之一种新知识。平常的知识系由与事物之实际的接触得来，而科学的知识则系出于观察试验研究之结果，是为科学的知识之最重要的特点之一。

试详释之，我们所能知水为氢氧两气之化合物者，乃系由于化学试验分析之结果；至于我们所以能知水可以供饮用、洗濯、烹调、灭火、灌溉田园、淹没人畜等等者，则系由于在平常经验上由直接的做事与水发生关系，因而知悉。两种知识之获得方法显有不同。此外，如水之性质、味、色等，皆可直接由感官及其他各部身体机关而知，此皆属于一般的知识，均系与实际生活，与身体机关相联络的。

当我们说 H_2O 时，此语并未指明任何特定物件，且与实际用途无何等关系，但其确实程度则与谓水可以止渴、灭火、航舟转磨等一般，特后者之用途较为直接而已。

科学之说明能使我们将一件事实之知识与别个事物之知识联络起来。一个人由日常的经验可以知悉许多关于水之常识，但此等知识必然是支离的、孤立的，并不能帮助他去融会关于空气、天文、疾病、动植物之知识。但若谓水为 H_2O 之化合物时，此种知识即为根本的，可以应用于各种表面上似若无关之事实。譬如关于水之常识，与天文的知识显然无丝毫关系，但若将水分为氢气、氧气之两元素同时并将天体分为极简单之原质，便可见天体之成分与水之成分实有许多相同的部分，因为科学研究之结果告诉我们宇宙间一切物件多不外化学上数十种原质之化合，所不同者仅各原质在成分上比例之多少而已。

试进言之，科学上将各物质分为最简单的元素，于是我们便可由此进而将常识上各不相关之事物，如水、天体、动物、植物、疾病等事，融会一气，恰如一整个的圆圈之各部分。总言之，科学乃是联结分离的事物而建立其间之联络之津梁，由此可使人得着关于一事之知识时，又可以帮助或增进其关于其他事物之知识，是为科学的知识之又一重要特点。

以上系科学之智能的价值，至其实际的价值以后再说明。初视之，科学的知识似较常识为高贵且广博，但论其实际，实不容有所轩轾。譬如，有科学家于此，其人仅熟知水为 H_2O 之化合物，而无水可解渴之常识，则此人将死于渴，两者之宜并重，于此可见。教育上所当注意者非抬高科学知识而蔑视他种知识，而在设法将此两种知识调和起来。

三、科学的知识之社会的价值

人类一生，粗看起来，似乎无需何等理科知识。一个人有了关于水之常识，便可得着安全的生活；而专有科学的知识者只知水为 H_2O 之化合物而不知其可止渴，其人必致以渴死（见前例）。然此例殊，显然不近事理，通常科学家对于实用的知识方面，未必不及一般没有科学的知识者。只有常识维持现社会之生活则可，若求社会进步，则非赖科学的知识不可。

第二十章 理科

科学的知识给人类以操制自然界势力之工具，俾能供人类之利用。科学应用之结果为各种奇异的发明，如铁道、汽船、电话、飞机之类皆是。此等发明之结果大大地增进了社会的进步，由蒸汽、电气之利用，使从前人类所不能做到的事现今都能做到。汽车之顷刻数十里，电话之数百里间谈话，电灯之发光便利，汽船之履海洋如平地，皆是未有科学发明以前之人类所未尝梦及。其发明之始，不外由科学之研究而获得操制目所不能见之自然界的势力之方法。如因睹雷电之击毁人畜树木，乃进而研究电之可能性，俾能受人类之制驭，以满足人类的需要。

人类既有操制自然界势力之能力，即可由此加增个人对于做事能力之信心，将心灵从旧习惯之束缚中解放出来；由此并可使个人能利用之以为实行所抱目的之方法，科学发达史上可以找出许多实例。

前已言及，科学知识之进步，使人能将平常彼此间全然隔开的知识联合起来。我们由观察知铁遇热则膨胀，遇冷则收缩；其后试之于铜、锡等金属，亦得同一的结果。于是科学家便可由此试验所得之结果，将各孤立的事物集合起来，制定一条定律："凡金属热则膨胀，冷则收缩。"又若固体之冰，遇热则融化成为液体；液体再加热，则由水而变成蒸汽；气体遇冷复凝结而成液体；液体再冷，则复成固体。由此又可见金属与水均是受热则膨胀，遇冷则收缩者；此为同一原理可以应用于绝不相同之两事之一例。

但欲根本解释此等收缩与膨胀之现象，必须根据化学上价定之原子论方能说明，其大皆谓宇宙间一切物质均系有数的各种原子之复合物。固体受热所以成为液体者，乃是因该物体之各分子原来系密集的，加热后为热力所驱散，中间留出空隙，所以面积涨大；再加热则各分子间之空隙愈大，故其面积之膨胀亦愈大；反之遇冷则各分子遂渐归凝集，因渐收缩云云。由此原子论便不难解释一切物体胀缩之现象与原因，并将各种不相连属之事实联络起来，成为有系统的、统一的知识。

如上所述，膨胀收缩均是势力作用，而解释此种势力之因果关系者则为科学。因由科学上知水加热则分子扩散，发生一种势力，于是发明家即本此因果律而制汽机。

科学于增进人类健康上亦已有极大的贡献，疾病之治疗预防，食物、饮料、空气之科学的分析，使吾人明白保养健康之方法，实际上已经延长了个人的生命。

科学还有一种要紧的功用，即是从个别事物中寻见其共同的原理，由原来分离不相联属之事物寻出其间之联络来。例如，从前人皆以为蚊虫与疟疾两者间并无何等关系，因其未尝知悉疟之真正的原因，所以终竟不能制止此种疾病。近二三十年来，西方差不多已完全脱离了此种疾病，其原因即在科学家研究之结果发现蚊虫与疟之关系，因而设法灭除为疟之原因之蚊虫，始能收完满效果。在发明此事之先，科学家早已获得关于霉菌之知识，不过直到最近始能应用到疾病上以解释疟之原因。既得其原因后，便不难为相当的处置。美之巴拿马运河起初由开凿苏彝士运河①之法人 De Lesseps② 承开，但不久便半途而废。其一部分原因固然是经济的，然主要原因实在由于工人之死亡率太大，该地蚊虫极毒，被蜇者辄死。后来美国出而任开河之事时，察见其原因之所在，因首先设法扑灭及离隔蚊虫，始能安然工作。运河与蚊虫骤视之本无何等关系，但由科学之运用，即能寻出其间所有关系，且从而设法为相当的救济。由此可见，研究理科时若能兼顾理论方面及其与平常事实生活相关之点，则科学的社会价值自然随处可见。

四、理科教授方法之概略

如前所说明，科学的知识系知识之最高等级，其内容之组织系依着论理（Logic）的次序。因为理科上之材料多以知识增进之自身为其目的，以致其与日常生活之材料之联络每隐而不现。

从学者之立足点说，科学的形式乃是最后所欲成就之理想，非所由出发之起点。但在实际教授上，每多从科学中之简略的、基本的知识起首，

---

① 苏彝士运河，即苏伊士运河。
② 法人 De Lesseps，即斐迪南·德·雷赛布（Ferdinand Marie de Lesseps, 1805—1894），他于1858年成立苏伊士运河公司，负责苏伊士运河的开凿项目。

而不管学者方面之经验。其必然的结果便是科学与有意义的经验之隔阂；学者虽可由此获得许多专门的识见，然若并不能将其与其所熟悉之物件与动作相联络，则其所得者将仅为特别的字汇——专门名词——而已。

有些人臆断以为将形式完备之教材直接提示于学者，乃学习上之捷径。换言之，即谓学生若从专门家研究所得之结果起首，可以免除迂曲往回的道路，不致陷于错误，时间与精力可以大加节省。但此种方法结果如何，已明白记载于教育史上。试检阅一般理科教科书，其编列之次第，十九循着论理的组织。从最初即将科学上之术语、定律等教授儿童（最多不过略为指出其获得之方法）。学生于此所学习者仅为书本的知识，而不能获得处理平常经验中之习见的材料之科学的方法。此种教法可称为论理学的方法（Logical Method）。

心理学的方法（Psychological Method）者，系从学者之固有的经验起首。此方法较之论理学的方法，似乎耗费甚多时间，然此种损失却有其极大的报酬。此报酬即指学者方面之超越的了解与生动的兴趣。此方法简言之，即从日常习见之材料中，选择供研究之问题，由此可使学者有处理在其范围以内之材料之独立的权能。

论理学的方法，在小学教法上之不当，其主要点即在其不曾了解理科教授之目的。须知多数学生将来并非都要成为专门的科学家，他们所需要者非大科学家研究所得之结果而为科学方法之洞悉。以此为标准，其所学习之分量范围虽不能如论理学的方法之广博，但可决其为确实的智慧的。即将来要成为专门家之少数人，亦可由此得着比较由纯然专门的或用符号代表的识见之方法更好的预备。

第二十一章　教育之价值

一、总说

本书第九章至第十二章讨论教育目的与兴趣时，其中业已涉及教育价值论。通常教育原理上讨论教育价值时，多与教育目的相提并论。一方面论到教育目的，他方面即论及何种学科有实用之价值，何种学科有文化之价值等等。总之，皆是集中于课程表上之各学科对于各种目的之贡献方面。一般教育学者多是由指出研究各学科对于生活上之重要贡献，以证实各学科在课程表上占一地位之正当。由此可见，教育价值之明晰的讨论，一面供给吾人重习教育目的论之机会，他方并涉及各种教材之价值，将两者融会一气。

二、通常教育价值论之欠当

试披览任何关于教育原理之书本，其中多费许多篇幅专论教育价值。其讨论价值时总是论及某学科对于某目的之成就上之贡献。此等书籍多先列举各种目的，如文化、实利、训练、品性、博学等皆是最习见的；然后再讨论各学科对于某目的之特别贡献，或各学科之特殊的价值。

例如，通常以历史之价值在于养成品性；文学之价值在于启发文化；簿记手工之特别价值为实利，因其可助人得着生活技能；数学之价值在于训练心力，如推理、判断、思考等；地理之价值在于扩大见闻；以上均是指明各学科对于特殊目的之达到上之适合。

一般相信此种见解者，遂本之得一断论，以之为排列规定学校课程表之不易的方法，主张课程表上所有学科当分为五组，以实现教育上所悬之五种目的，即品性、实利、文化、训练、识见五者，如下图所示之圆周式。

此说在实际上颇占势力。有许多教育者虽不曾昌言主张此说，但是彼等于学科之排置上实在是本于此理论的。一般信仰谓："训练记忆力最好用历史及外国语，尤以外国语中之单字；优美嗜好之养成最好用高等语言科，尤以英文文学；想像最好由希腊与拉丁语的诗歌训练之；观察最好于试验室中做理科试验时养成之；关于发表思想，希腊与拉丁作文最好，英语次之（就用英文之国家言）；关于抽象的推理，数学几为唯一的原子；关于具体的推理，理科最佳，几何学次之；关于社会的推理，希腊及罗马之历史家与演说家之著作居首，普通历史次之。所以凡堪称为完备的课程表，其最小的范围须包括拉丁文、一种近世语言、历史、地理及一种科学。"

现时一般教育者之规定课程表，鲜有不受此种学说之暗示者。试取任何学校之课程表研究之，多明白规定某学科占若干时，某学科占若干时，可以谓为此种理论之结晶，其批评俟诸下节。

三、经验之纯一性与教育价值

前三章（第十八章至第二十章）关于教材理论，可以称之为动的理论（Dynamic Theory），其先后次序系从个人的经验起首，经过传达的知识，最后进于论理的知识，三者系连续向前发展的。但是于此须明白，照此解释并不含有将各学科分为各门类，指明此学科专为训练思想，彼学科系专供实用云云。反之，各种学科均是结合成为一气向一个完全的目的进行。

本章所主张之教育价值论系本于经验中之有生气的，继续生长的纯一性（A more vital and growing unity in experience）；从另一方面观之，即指教育目的之纯一性。本书第五章第三节谓教育目的为经验之继续改造，故教育之价值即在其能帮助经验使之继续生长。此等价值是不可分离的，否则即要成为一种两元论，如以后数章所批评者。

关于价值之积极的理论，通常多将其分为直接的与间接的两者，但两者实是相关的、非分离的。

1. 直接的价值：亦称为实觉（Appreciation），即对于某物之直接的享受。

2. 间接的价值：亦称为工具的价值，乃是表象的、技术的。其自身非目的，而为实现某目的之方法。

为便利起见，论理上可以分为两者，但实际上两者乃是互相依赖不可分离的。凡欲实现任何教育目的时，皆当兼顾此两者。如文学科固然能启发高尚的嗜好，但文学亦未尝无工具的价值，又如手工科为人视为实利的学科者，亦能同时启发心灵。数学科通常以为有训练心灵之价值，但同时亦有其实用。总之，一切学科皆当能给与各事物以生动的个人的价值，否则其经验必致成为死的、机械的。

算术上以 2 乘 2 为 4，3 乘 3 为 6，通常称之为工具的价值，因其可供计算钱币之用，供计算米谷布帛之用，总之系达到某目的之工具。但是，当教授数学时，欲使学生得着应用此种工具之能力，断非仅由对学生讲演此种工具对于将来远距的目的之功用所能有效，必须使之能自己实觉，使之明白欲达到某目的非有应用数学之能力不可。进言之，须使数字对之有真实的意义，不仅为表象的；能直接应用于实际，不可仅以之为达到远距的目的之工具。至于数字之广博的功用，则待后来自能逐渐明白。

小学校中无论教授何科时，皆当设法使生徒觉识该学科之直接的用途，否则各学科将成为机械的、形式的与表象的，不能使学者得着完全的意义。譬如，儿童学习识字时，此等字仅为代表实物之符号，若生徒仅识字形而不解其所代表之意义时，势必成为机械的学习，所以实施教授时总当从生徒之直接的、亲身的经验起首，至于较远之事物，则可利用其想像力以弥补之，务使学者有真正的实觉，如此，则经验之意义自能日益加增，终抵于完善之境。

四、理论上之冲突

本章及以后各章所讨论之教育哲学理论，皆系本于历史上的根据者，以后各章所讨论之标题如下：

1. 劳动与闲暇：即劳力者与无须劳力者。
2. 理论的学科与实际的学科：或智能的学科与实用的学科；即知与行（Knowing and doing）之问题。
3. 物质的学科与社会的学科：即自然与人之问题。
4. 个人与世界。

一般哲学观念多以此四组字为互相对抗的或分驰的，其说在教育理论及著述上有极大的势力，即实际上受其影响之处亦甚显著。

例如，向来有文化教育与职业教育之争，以为前者系专为有闲暇时间者而设，其内容与注重实用的技能之职业教育，方法与教材上完全不同。此种理论一方面表现于社会境况上，一方面见于教育实际上。知与行两者在历史上早已有了一种截然的分离，通常视劳动与实用方面为相连的，而闲暇则系与智能的活动相连的，甚且以为后者较之前者为高尚尊严。

西洋哲学思想上多将社会与自然两者视为对抗的，以为社会系关于人性（Humanity）而自然则系关于物质界者。社会的学科所论者多为关于心灵的、精神的，因为将人类看得比自然界高贵，所以教材上向来亦是着重人事方面的学科，如文学、历史、语言等。

有将个人与世界两者视为对抗的，其实个人为世界之一部分，世界亦不能离个人而独立存在，两者亦是互相关联的。

五、教育理论与社会实况

前节所讨论者皆系西洋思想史上之特点，其背面总有社会的实况为之基础。在西洋各国欲解决教育上各问题者必须先阐明解释其中所含的纠纷，否则便无从着手。中国社会的情况既与西洋不同，则此等理论自不能一一契合，但其根本的原理，颇足供参考之用，故以后诸章仍论其概略。

就劳动与闲暇之区别言之，其始实出于实际上社会早已有了这两个阶级存在；其一须用手工作以获得生活必需品，其一则无需劳动，而由那些劳力者供给生活必需品。社会上一般人因其安坐而食，遂以之为比较高尚尊严。教育上受此影响，遂发展出来两种教育：一种根据于享乐与闲暇，他种则根据于实用与劳工。所谓知与行之别，亦是出于同一的社会情况。

用哲学上的名词讲，以上所论者可称为两元论（Dualism）。拉丁语Dual 本为"两"之意，哲学用之以表明心灵与物质两者为绝对不同的事物等。以后四章所讨论者皆为两元论之争竞，此思想在西洋哲学上有极大的势力。但究其根源实为某种社会的情况之表现或反射，复由社会情况扩张到学校中。

第二十六章论职业教育，系关于教育之实际方面者。但所谓劳工与闲暇，知与行等等争论，其集中点实在职业教育与文化教育上，所以本章并非另一独立问题，实乃以前数章争论之一总结。

如前所云，以上所述之各种互相冲突之理论，皆出于西方之哲学思想，与西方之社会实况，所以非先具有西方思想之知识为其背景不易了然。本书因其纯然理论的地方与中国教育关系较浅，故仅论及其梗概。

第二十二章　劳动与闲暇

一、劳动与闲暇对峙之起源

前章曾论若将教育价值分为数个，其结果必致产出许多互相对峙的两元论。关于劳动与闲暇两者意义之互相反对，其根蒂即出于此。向来教育家多根本上将教育分为两种，一种系专为训练实用的劳工，一种系专供暇逸生活之享受。此种情况，如前所述，系社会实况之反射，非仅为一种理论而已。

此种议论可由教育哲学之理论的发展而明其始末。所谓文化教育与实用教育之区别，远在希腊时代已具其雏形，其区别之基础则为社会的阶级。当时盛行阶级制度，有一部分人须以劳工维持其生活，另有一部分人则无需工作。后者所受之教育为文化教育，为闲暇阶级之专利品，通常每视之较比劳工所受之奴隶训练为高尚。劳工不仅要为自己生存而工作，且当供给上级者之生活资料，俾无亲身从事各种实用的作业之必需，而专致心力于求知识明真理。

关于劳动与闲暇之区别，其根源已有两千多年，今将其根本思想略为说明。原来主张此说者，相信人类在生物界中占最高地位。人类有一部分之机能与构造，如滋养、生产、运动等，或实际方面，与动植物同。其特著的机能乃是理性（Reason）。所以，真实的人类目的乃是极力完全发展此种人类的特点以观察、冥想、认识、推论之生活自身，为目的，乃是人类之合理的生活。理性又能操制人类之下等天性，如嗜欲、冲突等，俾能趋向可欲的目的。

亚里士多德之理论的心理学于此点发挥最完备，但其学说实为当时社会组织之产物，并非出于纯然理想。其说以社会上只有少数人能本理性之机能为生活之律规；在民众中则植物的与动物的机能占绝大势力。亚里士多德生于两千多年以前，直到三百年前，其哲学思想，比其他人都大，正如孔子在中国一般。近三百年来，其说始渐受人打击，而渐失其威权，然在实际上至今仍有一部分势力。其说大致谓人类天性之构成有两大类：有一种人下等的嗜欲与欲望旺盛，其一生所经营者均系为满足个人之嗜欲；另一类少数人，则具备高等的精神观念，独具智能的与道德的品性。对于此少数人，当勿使其有身体的劳动，因其足以减弱智能的作用之故。此种人所受之教育，系使之能善用闲暇，即所谓文化教育。至嗜欲旺盛者则当使之专务劳工以产出物质的物品，俾少数优越者得专心致志于智能的活动。

二、教育上遗忘闲暇之弊

如前所述，我们若以教育为闲暇阶级之专有品，专着重所谓文化方面的学科，其结果有受教育之机会者必居最少数，此实大背于平民主义上机会均等之原则。平民主义的教育，系供全国人之利用，其教育宗旨一方面要使人人能做有益的工作，同时并能以最正当的方法享受其所有闲暇时间，是即为考验一个社会之合于平民主义与否之标准。若是有一部分人终年劳形于苦役，以维持生存；另一部分人则终日闲豫，坐食他人辛苦工作之结果，此等社会便显然为非平民主义的。

于此最当注意者，即我们若以有一种教育系训练人民使能胜任有益的工作，另一种教育则专为使人享受其所有闲暇，其结果必产出社会的阶级区别。须知谓教育仅为给与人以工作技能之训练，实系一个错误观念；同时当并注重利用及享受闲暇方面，然后教育目的始完。

利用及享受闲暇之重要，由下例显然可见。试问一般无知识者以何方法消遣其闲暇时间？他们常聚集一起为无谓的空谈，既而此种兴趣耗尽，遂致发为种种不道德的、不健康的举动。赌博、酗酒等恶习，在社会上所以如是流行，其简单答语，即在一般人多不知以正当方法利用其所有暇暑。所以当其脱离工作之束缚时，因为无正当的方法以消遣在自己主动下之时间，遂趋于做种种卑鄙无价值的事。但是他们若是曾经受过正当的教育，学得读书之技能（非机械的，乃实能觉识其价值者），等等，则彼等自能另寻他种正当方法以消磨其闲暇，如音乐、诗歌、文学、图书之类。现时社会上有极多的罪恶愚昧、放纵等，均是出于一般教育不曾注意到使人以正当方法利用其所有闲暇。

利用闲暇之正当方法甚多，如游戏、竞技、健康的娱乐、音乐会、文学会等等。一个人在社会上，社会的交流（Social Companionship）亦系不可少的一件事。但是，当群众聚在一起而无正当消遣方法，始而闲谈及其资料已竭，赌博、喝酒自然代之而兴。由此可见，增高一般人之嗜好，浸渍之以高尚观念，使能以健全方法利用所有闲暇，如是则社会的交游，即不致堕落成为赌博及酒食征逐之事及其他罪恶或怠惰，实为教育之一大任务。

三、劳动与闲暇分离之结果

若是将社会上全体分为劳力者与闲暇无须劳力者，必然产生后述之结果：

1. 限制的阶级教育：即全体社会生活显出闲暇阶级与工作阶级之分隔：一方面系享有特权无须工作者，一方面为终生从事工作而无须受学校教育者。在普及教育未实现以前，只有在社会上与经济上占优越地位者能以得着教育之机会，而中等阶级以下者则否。此种阶级之区别，系社会上显著的事实；虽在现今，一般能受充足的教育者，仍多属富裕家庭之子女，而劳动阶级之儿童，早年即迫于经济限制，不得不离开学校，偶有学得写读算之基本知识已为难能可贵。由此，学校遂成为闲暇阶级之独占品。按学校（School）在英文上，原出于希腊文，其意即为闲暇，含有专为无需工作者而设之意。

2. 教育种类之区分：（1）文化的、文雅的、智能的或自由的教育；（2）实业的、实用的、机械的、奴仆的教育。其分别大概如后。

（1）此种教育多系直接关于心灵者，教授资料愈远于实际或与身体分离愈远者，愈能增益智慧。

（2）此种教育为学徒式的、陈例的、机械的；反复练习，俾筋肉运动上养成一定习惯，故大率为关于身体动作者。

例如，某童欲学成木工，其入手方法即是正式地或非正式地成为一个木工之学徒，与之在一处工作，由同一举动之多次反复，便可学得其技巧。此方法在昔为通行全世界之一种教育；中国现时仍然如此，只有比较上极少数少年得入学校受教育。他们在学校中又竭其力之所能以避免用手之工作，因为劳动是下阶社会所有事。下级社会以劳工扶持社会，而闲暇阶级则极力远离一切工作。总言之，即此一部分人系由书本而学习，其他一部人则系由实在做事及与物体接触而学习。

此种区别实例甚多。教育制度上每规定为两种：其一是着重文学、外国语、古文等；其他一种则着重物质的材料，使用身体地方较多，心灵方面不过间或得着一点偶然的训练。

四、现时情况及必要之改正

本章第一节所述之亚里士多德思想，表面上似乎近于专断的、贵族的，但其学说实为当时社会的情况之忠实的写生。此理论虽出于西方，但在中国实亦有不谋而合之观念。最著者如孟子所谓："有劳心者，有劳力者；劳力者食人，劳心者食于人"[①]，即属此种思想。

自然，社会之真实情况自从亚里士多德氏以来，已经大有变更；但法定的奴隶虽已革除，平民主义已经广布，理科应用亦已扩大，普通教育

---

① 孟子原话为："或劳心，或劳力；劳心者治人，劳力者治于人；治于人者食人，治人者食于人，天下之通义也。"（《孟子·滕文公上》）

（包括由学校所得之教育与由书、报、旅行、交际上所得之校外教育）已经实行，社会上仍然有智识阶级与无智识阶级，闲暇阶级与劳动阶级之分。最近关于教育理论上及实际上仍有文化与实用之争，可见此问题迄今犹未能完满解决。

现时一般平民之政治的与经济的解放，其势力已及于教育制度上。如公立学校之不分儿童所自出之家庭，皆一律收纳，不取费用。其结果已经将教育为少数人（将来管理社会事务者）之专利品，变为全体人民之共有物。但是此革命还未完全，现时仍有主张真正文化的教育不能与实业的事情会通，而为多数平民所授之教育当注意有用的实际的技能，俾易得谋生云云。

现时的情况，一言以蔽之，仍是将劳动与闲暇二者视为分立的，因此两种教育上所需之资料当然不同。若是能将由做工获得生计与以高明的方法享受闲暇机会两者，平均分配于社会各分子间；并在学科之构成，以思想为一切实行之指导，而以闲暇为承受服务责任之报偿（非免除服务责任），即能将此种两元论铲除。

由此可见，关于此最重要的问题，乃是教育如何方能对于此两者同有最有效用的贡献。若是有人果能发现有些教育材料能达到此目的，另一种教材能达到他目的，则此时教育者所有事即是极意就情境之所容许，使各种学科互相倚叠。换言之，即谓凡以闲暇为其直接目的之学科，至少当使之能极力间接助益工作之效率及其享受，而目的在工作者则当极力注意感情与智识习惯之养成方面，俾并能以有价值的方法享受闲暇。

总之，现时所亟需者，一方面为扩张身体活动之范围，俾人知不仅实业的工作须经身体活动，即心灵之启发，倚赖身体活动之处亦甚多。他方面须知劳动与闲暇之纯一性（Unity）。教育，凡是完善的教育，均当同时训练他们为有益的工作，并善用其所有闲暇工夫。我们所主张者为平民主义的教育，但是于此须知只供少数人利用之教育固然背于平民主义。即使教育已经普及，苟心与身之训练系分开的，即以一种教育专注重文字方面，另一种专注重实用技能，仍不足副平民主义之称。本章与前第十三章经验论有关，可以参看。

177

第二十三章　智能的与实用的学科

一、理性与经验

本章继续批评教育上之两元论。现今所讨论之题目简言之为知（Knowing）与行（Doing）之区别，此种区别显然与劳动闲暇之区别出于同一社会的情况。知与行之别，亦可解释之为理论（Theory）与实际（Practice）之别（即是心灵于思虑真理时之作用，与当处理实在事物时之实际的活动两者中间之区别）。此亦系西洋思想上一种深根固蒂的观念，在中国人思想上亦可发现与此若合符契之理论。

本章所论及之重要标题列之如后：

1. 历史的泉源；
2. 教育上之影响；
3. 正在进行中要推翻此说之运动。

在讨论以上各点之前，先概括说几句。于此当注意者即向来皆是以知、理想、思虑系与理性（Reason）相连的；而行、活动、实用，则系与经验（Experience）相连的。故知与行之区别，即是理性与经验分别之问题。在思想史上，理性向来系与精神、非物质的事物相辅而行；至经验则常伴随身体，尤以官觉与身体的欲望。通常皆以理性具有较高尚的精神的价值，较之经验有较多的意义而且真实不变。

二、知识与实际区别之起源

由前述观念共可得三种互相对峙的观念：理性与经验，知与行，心与体。自其大体言之劳动阶级与闲暇阶级之区别，亦出于此。劳工阶级可代表自然的、实用的学科，因为工人向来是为人所鄙视的，因之凡关于实际的及做事的活动皆为人所轻；闲暇阶级代表智能的、精神的学科，一生免除手的劳动与营利的事业。

据亚里士多德之哲学，谓智识为自己原故而存在，不与实际事项发生关系，其泉源与机关在于纯然非物质的形而上的心灵，人类之最高尚的生活，即在专心致志于思索揣虑此种独立不倚的、完备的、包罗万象的纯理的知识（Rational Knowledge）。故以哲学家为最高贵，其他均非其俦：即参与政府行动之官吏，虽然较之平常营利的事业为高尚尊严，但终以其牵涉身体活动之点太多，倚赖他人地方太多，及现世界的欲望太多。故不足为人生之最高的理想。

希腊人以为教化（Cultivated）或教育之意，只是使人得着文雅的、安逸的、无世事萦于心的生活，俾得专心于高尚的、纯理的知识之揣度思索，是为最高尚的生活。在中国人思想中亦有同样思想，习惯上以士为四民之首，即是此意。

依此观念，即美术品之赏鉴享受，其高尚仍不如为知识之自身原故而追求与享受知识。因为凡美术的赏鉴含有两要素：一方面为艺术、诗歌、音乐、塑像等等；一方面为赏鉴者或享受者。凡美术率皆依赖于物质的物件，如乐器、粘土、模型等等，此等事物皆是存在外面者，故仍非最高尚者。至于知识在其最高的程度上则完全不依赖外界的物件，知识之在低等阶级者虽有赖于外物，至其最高阶级则是自足的、无待外求的。

按希腊语上帝（God）一字为 Theistic，Theos，其所含蓄意义即谓超然的，上帝乃是纯然精神的或智能的、非物质的，不受一切物理的或社会的限制者。总之，即谓上帝纯然为心灵的"知的体"（Knowing Being），人类欲接近上帝，其唯一方法即是一心致力于精神方面之生活。

总之，此观念不外认定"知"比较"行"为高尚，因为知是较为自足的、自由的、尊严的。此观念流布既广，遂令一般人多重视智能的活动，而轻蔑从事实际的有用的工作者。

三、经验的知识与理性的知识之区别

关于理性与经验区别之起源，前已略及，兹再讨论何故一般人要轻蔑经验之价值，及何故常将两者相距而不设法使之相连。

自从希腊的哲学从社会的实况上造成一个对于习惯之鄙夷观念，彼等又以经验系遗传的风俗习惯之累积，将两者视为一体，而理性则是属于心灵的或精神的方面者。经验既是出于风俗习惯，故常趋于限制束缚人类思想，使之不能获得最后的真理；而理性则能将人从习惯风俗中解放出来，使人不盲从，不妄信前人，而能自进以求获真理。

在理论上，经历的与理性的知识是恰相反对的。经历的（Empirical）一字本出于经验（Experience）。所谓经历的知识者，乃是由做事与实际的活动上所积累之知识，如木匠由实际参与建造而得着木工的技能，医生由实习医术，做附属的工作而积累一定数量的知识皆是。由此所生出之知识自然是极有限制的，而且常反于理性的知识。

再将前例详细解释之：一个人欲成为医生，从前多是到一个医生家中或医院中去实习医事，由傍观医师之治疗病人，帮助医师为附属的动作，因而学得医药的技能，得着一定数量关于医药之知识与智慧。但若以此种知识与理性的知识比较之，则显有若干缺点。因为此等经历的知识不能使学者头脑中得一有系统的原理，关于病态之结果、缘由，及对于某疾病何故用此手术，用此药品之洞见；只知某病当如何处治，然不知其所由发生及何故如此处治。其所有知识均不外由偶然间所获得，正如为木工徒弟者所有知识之为得自偶然间者一般。获得此种知识之原来方法，即现代心理学上所谓尝试错误法（Trial and Error Method）。如为木工者先第一次试为某形式之建筑，若一度失败便另改方针；将逐一事件方法一一试过，最后终得一个关于建筑方法之根本的原理。

理性的知识与此大异；理性的或科学的方法系首先推论某事物之原因，求得一个根本的原理，以为后来行动之确实的基础。经验之性质是变迁不居的、极不稳固、不可恃的，而理性则是永久不变的，可以应用无穷。从实际情形观之，一般从事于某种专门职业的工作而初不了解其所做的事之根本原理者实在甚夥。

四、理性的知识之特质

主张经验与理性分离之哲学者，由前述事况中得一断论，谓经验为感觉极关工作之结果，而保存于记忆与想像中者。感觉器官系与嗜欲、需要与欲望相联络的；其所注意者不在事物之实体（Reality），而在此等事物对于我们的快乐与苦痛之关系，及需要之满足与身体幸福之关系。由此可见，经验之品质乃是物质的，皆系身体对于物质的物件之关系。反之，理性或科学则注意于理想的与精神的方面。经验之性质又是变迁不居，内容复杂多端，故其本质上是变化的、不可靠的。一个人若是信托经验必致不知所恃，因为经验每系因人而异，因时而异，至其因各地方而异，更属不待言的事。

经验之性质与内容既如是，可见无论有若何分量之经验，均不能产生任何理性的（纯理的）知识或普遍的原理；一人只知各个事件，则其知识即限于此各个特别事件，不能引之使进而与宇宙间的真理相接。只有理性才能给我们以普遍的真理。经验告诉我们许多个别事件，但是总不能保其一成不变或包举全体。有时，同一事件发生过数十百次，同一民族因袭的遗传，相沿数千百年，亦不必一定是必然无疑的，因其仍然是有限制的，不能包括全体。

至于理性的知识则是常住不变的，而且是必然如是的，必然确实的，绝对可靠的，非偶然的。此种知识正如谓雪是白色之为永久如此，必然如此一般。总之，理性的知识与经验的知识不同之特点，即前者非仅属于特别事件或偶然的临时的事件。

数学之知识与木工、医生之知识，其区别可略述如此。数学知识是非物质的，是科学的，而关于木工医药之知识则多由实际活动得来，即是经验。经验终竟系与物理的材料（如耳目等与外界物质之接触及欲望）相连的。例如，对于健康之欲望有医药知识以满足之，对于住居之欲望有木工以满足之。医生与木工皆对于人类需要有特别贡献。至于数学之原理则可应用各方面，并非仅限于一特别事件之计算，亦非仅供身体之舒适，故其价值远非木工医生之实际技能所可比拟。此皆出于西方之相传的思想。亚里士多德氏（参看前章）以为人类中堪当纯理的生活者为数至少，多数民众当从事各样劳工以供给生活之需要，使此少数人得充足的闲暇以与普遍的绝对的真理相接触。

五、教育上之影响

本节专论前述理性与经验反对在教育上所生之影响。此理论之一般的效果即是说，在一切高等教育中只有智能的学科是重要的、有价值的。所谓纯然智能的学科者乃是指该学科与感觉机关无关系而言。如纯粹数理的科学，几何学中之一部分，直到现今在中学校课程上仍占重要地位，溯其起源实由于前述之相传的哲学思想。中世纪欧洲大学中宗教、玄学、论理学等占极重要地位，因为此等学科皆是属于理论的，远于实际的事务者。

向来中等学校及大学中所着重之文字的学科，究其实际多系远于实际用途者，且与身体活动不相接近的，因此学校中所教授者遂不能成为学者自己的经验之一部，而仅为零碎支离的声音、符号；身体活动缩小至最小范围。

由此更进一步，又有人主张文学的学科，其时间及空间上与现实情况愈远者，其价值愈巨。因此以为古代语言文字比现代文学价值高，因为此类死文字是远于经验的，所以悬想为与理性更为接近，对于文化有较多的贡献。依此说则学习外国语比学习国语重要，并非因其有商业上的价值，乃是因其有启发的、美术的价值。通常称此种教育为理论的学院的（Academic）或抽象的。

总之，其中最大的影响，即使各学校中专门用全副精力于文字的学科而鄙夷实际的宗旨。中国向来的教育亦陷于同一错误，不过无此种哲学为其根基而已。前章所述劳动与闲暇之区别，以学问为享有特权之阶级所专有，其物质的生活则完全依赖他人之劳工以维持之，其实际所生效果，正如此种哲学思想一般。

六、演绎的方法与归纳的方法

在论到铲除前述谬误与偏见之先，将教育法上之演绎的方法与归纳的方法略附带述之如后：

有一种教接法着重纯然的理性或心灵方面者，通常称之为演绎的方法（Deductive Method）；其法从一般的或普遍的原理起首，如几何上之定理、系论、公式等等。

另一种方法则特别着重个人的经验，经验既是从特殊的感觉得来，所以特别注重眼之所见、耳之所闻与手之所触者等等，以为教授与学习之起点，是为归纳的方法（Inductive Method），即从观察个别事实起首。

古来思想家多是将演绎法看得比归纳法重要，关于此两方法之理论在教授法及教科书之编制上有极大的势力或影响。多数教科书开始总是先述定律、原理等等，而殿以简略的释例与大概的说明。此种教法与教科书之编制，形式上虽是整饬，但应用时便要发现其与儿童之观念相凿枘，不能使之了解。现今改良的方法，是要以归纳的学习方法代替演绎的学习方法。

七、现今之趋势

智能的学科与实际的学科分立之起源及其影响已略述如前，兹将近三百年来共趋于铲除此种分别之三种要素略述之：

第一，心理学的观念之变更：即心理学上对于经验性质上之变更，不复如前此之专着重感觉印象，改而着重于动的本能（Active Instinct），关于此点前第十三章已经讨论过。大致云凡有一种动作，率有某种印象伴之而生。在稍旧的心理学均以经验为某动作在感觉机关上所成之印象，而新的科学的研究，则移其中心于儿童的生活，或儿童脑经构造上之生来的某种动作之倾向。所以，此种新理论较之旧观念乃是动的；旧观念则以心灵为受动的，自己本无本能的动作之趋向，仅能因受外界印象而发为动作；故此种动作系依赖外界的、非发自内部的。新的观念以内心的自我（Inner Self）有本能的动作之倾向，且较之外界刺激更为重要。经验既是从内部发轫的，个人自当有更多的内部的操制，所谓发明力、创发力即出于此。希腊人尝谓经验是极端保守的，为习惯所束缚的；但现代的观念则与此恰相反对，以经验为动的，时时生长进步的。

第二，实业上之变更：即关于工作与劳工观念之变更，此观念之变更是双方的。

1. 工业范围之扩大：经济的元素，在现代生活上最为要紧。自从实业革命以来，生产方法根本变动，同时汽车、汽船、电灯、电话之发明，影响于人生者几难备述。从前各种工作皆是用手的劳动，在各个小工厂内各人依着古来的成法，制作他们的产品；此种工业与他人接触极少。但在今日电车、电报、新闻纸（用机器印刷者）在社会各个人之生活上成为不可分的一部，现代生活殆无往不受其影响，欲分别孰为智能的部分，孰为（非智能的）实际的部分，几为事实上不可能的事。

2. 现代工业依赖科学而非成法：从前一切劳工其品质皆是惯例的，多分没有智能的基础。但在今日各种工业上应用科学之点渐多，如化学、数学之应用于染色，化学之应用于冶金等皆是最显的例子。故其中所含之智能的材料较之昔日之工业已大为增加；教育既是要令人适应于现代生活，故不得不设法应付此项要求，是为科学与实际相接触之最好机会，由此实际与知识之联络亦愈为密切。

第三，试验的方法应用到科学：或者可称纯理主义的（Rationalistic）方法之凋敝，而试验的（Experimental）方法之代兴。此事实昭彰较著，无待详论。试就现代科学之发达史观之，显然可见吾人决不能由头脑以内之推理求获知识或真理；欲得真理须由做事之途径。如在试验室中将各种化学品互相配合，而观察所发生之结果。物理、化学之知识，使世界起极大之变化，均系由此方法所得者。此实为关于"知"与"行"分立上之最重最大的打击，因其证明非由"行"不能真"知"之故。

八、科学方法之重要

前述之试验方法亦称为科学方法，乃系求获知识之唯一可靠的方法。但其目的初不限于专为纯然物质的用途，不仅为获得经济的产品。科学方法之价值乃在：我们欲求真理非仅用脑揣想所可能，故不得不用试验方法。做试验时自然要用身体机关（要用手为种种动作），知识与做事中间于此得一坚固的联络，前述之实际与知识之两元论于此自不能存在。

关于经历与试验之性质前已略述，但须知此两字虽互相关联，其所着重之点却大异。经历是受动的、旧规的、积累的与非科学的；而试验则为自动的、创发的、发明的、进步的与科学的。此皆科学发展上之实际的事实，但在学校中多尚未能体会此观念。现时亟需者便是将经验之重点从经历移到试验上；学习之方法宜多采用类于试验室中所用者。

关于教育上之直接的设施，兹不及详述。其实前第十八章之论作业即系关于此点者。前谓凡一切活动能使儿童孳孳从事者均为作业之一种，不限于经济的活动，如游戏、各种工作（纺织、粘土、绘图、园艺等等）及理科试验等，皆是使人由感觉以获得真理。可见，演讲、纯然的推理、思考等未必为可靠的方法。此为现代教育上之一大改革，在格雷制①学校及其他教育试验中（参看《明日之学校》）有许多实例可以阐明此理想。

从前关于智能的学科之观念，为一般守旧派辩护其抽象的、死文字的学科之利器，现时已为进步的观念所推翻。现时皆知真实的理论，须常与个人的经验相伴；身体的动作不仅有体质的训练之功用，且有心灵的训练之效果。

---

① 格雷制，即葛雷制，由美国教育家沃特（William Albert Wirt，1874—1938）创造的一种教学制度。

第二十四章　物质的与社会的学科

一、文字的学科与自然的学科

本章系继续讨论哲学思想及于课程表上之影响，题为物质的与社会的学科之价值。起初仍从希腊的思想或哲学说，因为西洋文化之根本要素，原系自希腊承受而来的，其势力继续操制欧洲之思想界，直到16世纪是为全盛时代；16世纪而后迄于今日，其势力之残余犹有不可侮之势力。本章既是本于西方思想立论，故在西方环境中研究之，当较之在东方具有更多的意义与兴趣，但其中主要论点则地无东西，均可应用。

本章所讨论者，亦可谓之文字的或语言的学科，与自然的学科两者中间区别之问题。关于此点有应研究之数问题：文字的学科在教育上向来何以如此重要？自然的学科何以被人忘却？教育上何故以文字的学科之价值为高于自然的学科？

主张文字的学科者，谓文字的学科之价值所以高于理科者，乃因文字的学科系直接与人发生关系的，其性质为伦理的、精神的；而理科则是关于自然界的，其性质为实利的、物质的。两者相较，前者与人有直接关系，故价值亦较大。

二、自然主义与人本主义对峙之起源

物质的学科与社会的学科之冲突，用哲学的名词述之，即是自然主义

(Naturalism)与人本主义（Humanism）根本思想之冲突。关于文字的（或社会的）学科何以占重要地位，其中有三个历史的原由，极有注意之价值，其中第一与第三项与中国文明之发达上至少有一部分相符合。

1. 旧文明与外国的或野蛮的民族之冲突就西洋历史事实上，可得两个最显著的实例。

（1）希腊与罗马。

（2）罗马与北部日耳曼野蛮民族。

罗马以武力征服希腊，使成为罗马领土之一部分。此时希腊人之智识与艺术均为罗马人所望尘莫及。希腊人既丧失政治的权力，于是退而专图保存及宣传其古代的文学、美术于武力及政治组织优胜而智识不足之罗马人中。当时罗马贵胄多以希腊学者为其子弟之教师，希腊人借此利便，遂得保持并传布其固有思想于罗马。同时，因为当时学者之目的专在保持发扬古代文明，以致将自然科学置之不论。

当时罗马之文字的学科既然完全是从古代异国承受而来，故学者之精力亦囿于古典文学之诠释、注解、文法构造，纠正谬误等事。盖希腊人一方面失去政治的势力，转而趋向文学的发展方面，乃一种自然倾向。但因其过于偏重文字的学科，以致忘了自然学科之重要，甚至以为此等学科是自己独立的、无待外求的。在公元前二世纪至公元四世纪中，罗马人吸收了许多希腊的文明，是即为欧洲近代文明之基础。

公元四五世纪间，罗马盛极而衰，欧洲北部野蛮民族，纷纷侵入罗马帝国，而罗马自此遂四分五裂。此等民族之住居地为今日德、法、奥及巴尔干各邦。彼等程度仅高于野人，但极勇悍善战；彼等除部落外无政治的组织、无文学、无学校。当罗马灭亡时（西罗马帝国亡于公元476年），欧洲遂新建立许多国家。

但是，因为此等国家原由野蛮部落建设而成，其文明远不逮当时之罗马；因之此等新立国家对于当时罗马之文明（承自希腊者）一如罗马当时对于希腊者；自中世纪以来几及千年，学者所有事皆在专门吸收古代文明，日日从事于古文学之铨释、注解、文法构造，纠正误谬之事，一如当时罗马之学子，是为文艺复兴时期。

187

总之，自希腊而罗马，而中世纪，其间学者皆疲精竭神于古文学，学者囿于因袭的见界，作茧自缚，不能解脱，遂无余力于物质的学科。文字的学科，自罗马以来迄于理科昌明前，所以能独握霸权者，此实为其主要原因。

2. 罗马人对自然科学兴趣缺乏。古希腊人本来颇有自然科学之天才。如 Euclid① 与 Archimedes② 之数学，Ptolemy③ 之天文学，Hippocrates④ 之医学，均堪称为现代科学之先河。至罗马人则是专尚实际的，对于自然科学多淡漠视之。因此，数千年来希腊人所立之科学基础几于迷失，直到最近数百年来，始有人起而研究之。历史家称罗马人为战争的、军事的民族，其所致力者为征服及操制人，而非征服及操制自然，正是谓此。

3. 宗教的与神学的信仰之影响。

早年的基督教极拘泥圣经的字句，其书半为希腊文，半为希伯来文。教会及官厅公文所用之文字亦是一部分用希腊文，一部分用拉丁文。当时教会为文明之代表，教育权均归其掌握，故教会成为智能生活之中心。教会要造就所需要的人才自然要注重古代的经典文字。宗教改革起，新旧教徒欲维护自己方面之信仰，其唯一工具即是引经据典以驳倒他方；以此经典文字之研究推阐等愈形重要。当时学者之好尚，总言之，即专在取决于古时大著作家之意见，而不肯从自然界下一切实研究。其意盖谓自然界比人低下，且常与圣经与神学的真理相反，故多临之以猜疑与藐视。此时盖不仅对于自然科学不加研究，且加以仇视。

以上三原因在近世学校之课程上仍有残余的势力。当时盖以文字的或语言的学科为达到一种实际的宗旨之方法，即养成尊重古代遗传之目的。

创造的时代，多在对于古昔相传的信仰薄弱时，如英国文学在依利萨伯时代⑤——文学史称为黄金时代——乃英文文学的热诚之一大膨胀，其

---

① Euclid，即欧几里得，古希腊数学家，著有《几何原本》。
② Archimedes，即阿基米德，古希腊哲学家、数学家、物理学家。
③ Ptolemy，托勒密，古希腊天文学家，地心说的创立者。
④ Hippocrates，即希波克拉底，古希腊医师，被誉为医药之父。
⑤ 依利萨伯时代，即伊丽莎白时代。

时有许多新创作，但是过此以后，一般人遂又以研究古人的著作为能事了，如现今欧美学校中之研究莎士比亚文集，与中古之注释古文学即极相似。

中国之情形与前所述亦有相同之点。中国人历代与满、蒙、回、藏各民族相接触，渐将其吸收同化，其结果产出中国的文明。中国历来教育上殆以古典经文为唯一之教材，其意盖谓经籍可以给人以生活之规则，故视为极重要，其实际情形与西方颇类似。

欧洲宗教的观念，大为限制科学之发达；孔子虽非宗教家，但其学说之宗旨实与宗教同，其学说中所注意者为伦理的与道德的标准，而给人以适当的行为之原理，使学者视之为人生最重要部分，而集全身精力以赴之。

三、理科与文字的学科之倾轧史

如前所述，可见向来学者均是专门研究古典经籍及此等古典经籍所用之文字，对于自然科学仅给之以附属的地位。但是，最近科学已渐进而代替昔日文科所占之地位。

科学之在文学中争一席地，其间经过极长久的竞争。从第16世纪迄第17世纪，延长百年之久，始渐趋解决。当时物质的学科虽逐渐发达，但一般教会学校仍然侧重古典经籍，以示抵抗。科学之基础在17世纪始稍稳固，最初仅有天文、数学、物理等科，后来始加入生物学、生理学等，实为课程表上一大革命。

前述之大变化何自产生？其故约言之，即古来所有文化遗产均是辗转假借的、非创发的，至物质科学发明后人类就有了一种新文化，出而与古文化相抗衡。科学发明中之最重要者当首推牛敦氏①之万有引力论。是为物理学与天文学之基础。但于此须注意者即当时科学虽已渐发达，一般人的知识并未能提高至较高的水平面上。直到18世纪，此等知识始渐趋于民

---

① 牛敦氏，即牛顿。

众化，而公之于一般人，但在此时期仍随处遇见守旧派之嫉视攻击。

以上所述为自然科学与文字学科之争轧史，此种倾轧直到19世纪后半期始完全解决，自然科学得占胜利；中间自从理科发达，盖已经两百年之久。虽在今日仍有一种因袭的信仰，以自然科学非文学的学科所能比拟。如在英国牛津大学中，即以伦理、哲学、文学等，为全体学科之中心，而以理科副之。在圜桥大学①理科之得占势力较早；牛敦自己是圜桥的学生。

兹将以前要点综括起来：最初说明文科与理科竞争之背景，次说明理科如何经过长久的争轧，始能建立起来而与主持因袭的课程者相抗。试将此点应用到中国，可以发现其中亦有类似之点。孔教的文明之于中国，其关系略同于希腊与希伯来文明之于欧洲，所不同者则西方之觉悟较早而已。中国学校课程上现已有变更，未经争轧理科已在课程上占一地位，可算是一件便宜的事。

四、教授自然科学应注意之点

现时有一问题：在课程表上如何能以得着自然科学之最大的价值？或何者为教授该科之最好的方法？此问题最好从反面答复，即从新教育的观点，批评现时教科上之缺点。

1. 从教授观点上言之，其教法是论理的、非心理的。
2. 理科向来与社会的及工业的事情隔绝，因为教授上太专门。
3. 太着重结果，而轻忽程序；只是教授过去科学的产物，而遗弃科学的精神与方法。

以上三者，有已于第十七章讨论过者，有已于第二十七章讨论过，兹就前所未及者述之。

通常学校中理科之教授，一若其目的系将全体学生都造成科学家；且一若科学之自身即是目的者，故教授时所注重者只是给学生以各种识见、原理、公式等。科学自然要奖励学生使专门研究理科，成为大科学家，但

---

① 圜桥大学，即剑桥大学。

是能追求此种高深的研究者实居少数,故不应给之以一律的训练一若欲使之尽成大科学家一般。

由此可见,现时的问题乃是:科学对于一般将从事社会上各种作业,而非成为科学家者当如何?或者科学对于公民当如何?显然可见,此中所需要者非科学的专门术语公式等,而乃独立运用思想之能力,俾不受遗传迷信之束缚,不倚赖他人之意见,而能自己承负责任,自由信仰真理。否则,若以科学为使人熟悉专门的知识,则其价值只能造成少数的干才,成为社会之骄子,养成智能的个人主义之态度。

所谓科学的方法与精神者,乃指对于一种信仰不轻于置信,必须从事实证明其假设而不以专断从事;此种态度为人人所需,亦为人人所能从科学获得者。在小学校中之教授理科,其目的并非给学生以累积识见;而乃由教材之使用,因以启发其推理、思考、观察诸能力,科学之真实精神即在于此。

理科教授又当注意社会的与工业的方面,前章已说过。现代工业依赖科学之程度激增,如开矿、冶金、染织、制造等,无往不需物质的科学为之助,此等工业皆以科学为其根本原理。科学发达,酿成工业革命,此种经济势力有操纵社会之力,故理科又当顾及社会方面,如道德的与社会的问题,不可仅以之为物质的物件而教授之。

在小学校中,不可径直教授有系统的科学,应当先给儿童一种自然研究(Nature Study)之秩序单。此外,更当与本地的实业相联络。类如中国大江以南之丝业极盛,在大江以南之学校便可以此为研究题目,从蚕卵之孵化起,直到成蛾产卵止,中间所经过之种种发展。由此能给儿童许多生物学及生理学的知识。更推而广之可使儿童明白蚕丝与人民生活之影响,工业之发达,各地物产之交易等均可连带及之。

但是,于此须毋误会:前举之例谓理科教授当与作业相连,其意乃谓在教育上凡开始教授一种学科时,必须如是,方不致成为空泛的、抽象的,并非谓由此以养成职业的技能。由此起首,可使学生渐明白较远大的事物,乃是此种作业之目的。由此虽亦能训练技能,将其变为一种职业科,但是如是只能养成陈陈相因的技能,于儿童无何等价值,或且足以阻碍其心灵发达。

总之，理科之教材，须从生活中抉择之，利用之以扩大其见界，养成敏锐的思考判断能力。并非传达一种专门的知识，或养成职业的才干。凡教授此科时皆当符合此原理。

五、科学的研究之重要

此外还有一点应附带说明者，即通常高等科学之教授不可太专门太注意应用方面，当并注重科学的研究（Scientific Research）。日本学校之理科教授即是特别注重应用方面。因为太着重技术的方面，每致忘却科学的研究之重要，其教授科学纯然为营利的或商业的目的，表面上虽然收效迅速，但以此目的而研究科学，不免遗忘科学之独立的价值。此法虽能使日本于短时期发展出来像西方一般的工业，但并不能改善一般人的生活或发展独立研究之精神。

在德国有数大工厂内常供养许多已得有哲学博士学位之科学家，专门从事纯然理论的研究。美国电气公司中亦供养多数学者专为智识的进步而从事科学研究，其直接目的虽非商业的，但其间接的效果常有助于工业。此系智识的独立之一要件，否则将处处乞怜他人。所以，在高等科学之教授上，专门技术方面固当注意，同时亦当训练学者继续为纯然科学的研究之能力。

六、自然主义与人本主义之调和

以前数节略述自然的学科与社会的学科之倾轧，兹将此种两元论批评之，指摘其不当。前言物质的科学与社会的学科之竞争，其结局为一种机械的调停，学校课程表上包含两大类的学科，其一为关于人者，其他为关于自然者。此实一种误解，须知经验并未当分别孰为人事，孰为纯然机械的、物质的世界。人类之所宅居，为自然界；其一切目的之实现，无往不依赖自然的情况。若离了自然界，则结局将为无所依附之幻梦。

自生物发展之原理观之，人类本系与自然界相连续的，并非自然界以外之产物。又以社会的用途为目的，利用科学的方法以对付物质界的势力，其结果增加了许多有用的知识。各种社会的学科每一阶级之进步，如历史、经济学、政治学、社会学，皆明示我们以除非应用自然科学之特色的方法，决无解决社会上各种问题之希望。所谓科学之特色的方法，即指搜集张本，造成假设，考验之于行动，等等。

化学、物理学之知识足以促进社会的幸福，可以从各方面证明之。例如对付此等问题，如传染病、穷乏、公共卫生、城市建筑计划等等，均足以见许多社会的事务有待于自然科学之方法与结果者甚多。由上所述，可见人本主义的学科与自然主义的学科是互相依赖的。

第二十五章　个人与世界

一、总说

本章所讨论系特别与西方哲学思想相关的，详细说明，非本章所能概括，故仅提出具有一般的运用之根本观念解释之。

个人与世界，原系哲学上的一个问题，本章则力避哲学的辩论，专就个人主义之种类及个性或自由与社会的操制与权力之关系讨论之。

通常个人主义就其性质分类，可以别为三种；但此三者，实在是互相联络，兹分别讨论，系为便利起见，其分类如下：

1. 社会的个人主义（Social Individualism）。
2. 智能的个人主义（Intellectual Individualism）。
3. 道德的个人主义（Moral Individualism）。

后面依次序将以上三种个人主义之良好的方面与恶劣的方面指出，末后讨论自由之真义及其必要。

二、社会的个人主义

所谓社会的个人主义者，即指在历史上某时代社会现象上之一般的个人主义。欧洲之19世纪可以说是此主义最盛行的时代，在希腊思想史上亦曾有个人主义的运动之时期。

第二十五章　个人与世界

　　个人主义之兴起，多在相传的习惯之松懈或解体之时期，其时旧标准丧失其旧有的威权，不复有范围人心之势力，于是有一个不稳固与不决定的争辩之过渡的时代，致有新的理想及标准与旧的理想及标准之冲突发生。

　　旧的理想与标准何以不能常保其威权与光辉？个人主义何故产生？于此自然要有现存的风俗制度为其背景。个人主义之发动有各种途径：如由于与别种民族或文化相接触；其方法则或由战争，或由贸易，或由旅行，或由教育，以上皆是从外面来的势力。但亦有时此种势力系发自内部者，如国内战争推翻旧政府、外国移民，或大灾难，如饥荒、疫病与战争等。此等严重的刺激之结果使人不满意旧的生活标准，而思改变其旧生活。

　　总之，社会的个人主义系指当个人屈沉于旧风俗习惯之下，一切皆是承受他人意旨，由儿童时期即习于此，终至丧失其独立人格，个人主义则系反抗习惯束缚之革命，力图脱离之。兹就其优点与劣点分别言之：

　　1. 劣点：在新旧理想有迅速的变更时，社会每致纷乱，常有道德堕落之危险。一般人不复信仰彼等从前所信仰者，不复承认旧道德与旧宗教之标准。然而，此时新标准尚未能充分发达，出而代替旧标准，因之一时人无所适从，社会遂呈纷扰不宁的状态。

　　旧标准既失去其对于个人操制之权力，新的又未产出，社会上即无道德的或其他操制之存在，于是各个人只是凭自己的感动做去，及凭个人能力所及者做去。权力成为行为之规律。个人于一事之行止，不是因为服从规律或尊重他人意见，仅因自己力量薄弱不克实行；各个人在此状态下不复受何等限制，而得为其所欲为。从前尚有风俗习惯以限制其行动之自由，现今则将其一概抛弃。

　　在此情状下，意志薄弱者每愈趋堕落，其生活常在不决定、不安舒及倾轧之趋向中，于是任情纵欲至于不可收拾之地步。此等极端之纵欲与社会一般的扰乱乃是个人主义之最显著的劣点。

　　2. 优点：即指创发力之可能 (Possibility of Initiative)，发起新制度、新习俗、新发明之可能。概言之，即是改造之可能。此种可能性即见于社会的纷乱中。盖必需个人已脱离了习惯，然后方有社会进步改良之可能；

将旧习惯制度推翻，而别建立一种合于新理想之风俗制度。

凡是历史上个人主义昌盛的时期，皆备具此两方面。有些极端的保守派即拣出其中一二劣点，为攻评新改革运动之资，而将社会上一切罪恶均归咎于离叛古时的道途；以为唯一的救济方法乃是仍返到旧威权之下，是为历史上革新后所常有之反动。此为守旧派所惯用攻击新运动之工具。其实彼等所持论实陷于逻辑的谬妄，彼等未尝将实际情况加以思考，而误认结果为原因；而其原因又实在是在个人之操制能力以外者，如战争、移民、国际的生活习惯之变更，此皆民族之集合的势力，非个人所能阻止或引起，故个人不能为纷乱之因。所谓个人主义实为纷争之结果或产物而已。

当此之时，即使旧的标准果然是好的，我们亦不能往回走，因为此时已有新势力来到。试举一实例，中国自己有许多遗传的风俗、制度、标准等等。处此交通便利时代，外国之风俗、制度、机器、物产，在中国社会上自然要发生影响，且多为吾人力量所不能制止。现状既已至此，要想往回走其实是不可能的。

实在言之，前举种种劣点，并非由于离叛旧风俗制度；盖此时有新势力产生，将旧势力打破，其事为个人力量所不能抵御，故不得不有所变更；既有变更，其结果自不能免。此结果有两方面：或为扰乱，或为改造与进步。

极端的守旧派，每不辩真相妄肆攻击，其所谓优与劣即以新与旧为准衡，谓一切变更，均属恶劣。当一种新变更起来时，社会上总有不稳固的情形，有些人因为不能适应新境况，遂发生反动，乃是自然的结果。欲免除新旧思想交替时之纷扰，最好是保持社会之风俗习惯能随时有前后一致的变化，随时改造。一般的不稳固情形，乃系过渡时代之自然的结果，仅仅责备个人不能有所裨益。此时应注意者即在如何在全体状况中得着一个秩然有序的改造。

当旧习惯凋敝时，新的必然要造成以代替之，乃是必然的事。若能善利导之，其结果自能做到改进之地步。凡一种新改革总常伴随一种热诚与希望，故能进行迅速；但感情每流于太激烈，故同时当就己之能力所及，防备它成为极端的。又凡属一种改造每需历长久的时间，因为旧标准推翻后，须历一定时间，新标准始能发展出来。

三、智能的个人主义

智能的个人主义系出自前节所述之社会的个人主义，并非截然两事。兹仍分优点与劣点论之。

1. 优点：智能的个人主义之优点在于发达个人之自己独立观察、判断及推理之能力，或心灵的创作力、警敏与独立（Mental Originality, Alertness, Independence）。

须知并非人人总能做到此地步，多数人皆是承认权力或表面的理由为其行动之标准者。社会一般的习惯每系盲目的，其所见者常偏于一方，个人若无独立观察推理、判断之能力，其结果必致为盲从为搅乱，对于各事不能为明了的观察。

智能的个人主义即是由个人自己搜集事实，自己凭事实为推论、下判断，而不袭取陈说或承受他人之信仰。个人有警敏、创作诸优点，故当一事之来，虽在纷乱中，能以迅速洞知其意义，凭其智慧而建设一个较完善的思想系统与信仰。

但是，历史上每不易见个人有此种自由的智慧，除却在社会之变更过渡时期。总之，智能的社会主义乃是反对因袭的信仰之革命，其积极的优点即使人智力上不再受旧的物件之束缚，而有独立思想判断诸能力。

2. 劣点：劣点有两方面：一方面即是完全不用思考，专任感情、冲动；有一刺激来到即径依感情做去，毫不怀疑，不肯将一事思索一番。

还有一层：即是自满、自信太甚，自以为所思所为均是不错的，他人皆当承受其观念；此非出自因袭的而乃出于个人主义的一种武断的形式。所谓武断，即指一种判断不根据着观察与试验或外部事物的证据，只凭一己的意见，类如此类语气"我意如是；我说是这般的"云云。

智能的个人主义之消极的方面，即是虚心、无偏倚、客观的立足点（Objective Standpoint）。所谓客观的立足点者，即谓当为观察与判断时，自己破除一切私见而立于第三人之地位，一若其事与自己毫无关系者。自然没有人能绝对做到此地步，然慢慢近于此点，并非不可能的事。

一般指斥一切的个人主义者，只见其罪恶而未见及优点。不知一切的进步均倚赖此种情况，总要有人能离开或破除古时的风俗，否则优者不能进步，而劣者将终于恶劣。凡一新理想新制度之发起，必系出于脱离因袭的风俗之个人，所以个人乃是改造之机关（Individual as the Agency of Reconstruction）。社会群众中须有特出之个人为其创发者，引导众人去做新试验与观察等。吾人须知新真理与发现乃是进步之一条件，然非由智能的个人主义，则新真理无从产出，个人乃是改造之中心与新真理之创发者。

四、道德的个人主义

消极言之，个人主义皆是反抗现立的制度之威权之革命，不肯承认现有的社会制度或政府为最后的，为合于政治原理之活动，而要极力寻出新的以代替之。但道德的个人主义所着重者却不是新发现一个新真理（如智能的个人主义），而乃对于行为原则之个人的拣选（Individual Choice of Principle of Action）。

劣点：伴随于道德的个人主义之劣点为自私、利己、为我主义或孤独（Seclusion），不与社会相接触，因而养成非社会的自私的态度。有些人牢守己见不肯改变；另有一般人见社会的情况太腐败，遂怀愤世嫉俗之观念，退而经营孤独的或隐居的生活，不与世人相通问。此等人生活或取美术的形式，如娱情山水、金石字画等，或取宗教的形式，如欧洲中世纪之一派僧侣终身居于丛林寺院，为刻苦的生活。两者皆不外独善其身，不与世事。另有一般人则聚精力于营利，目的只在聚敛财物，除利己外，无他观念。

优点：即个人的责任之承担，或道德的果敢（Moral Courage）。个人既已认定某事是正当的，便慨然担负其行为所含一切责任，虽明知其结果有令人不快者亦当之无难色。我们常见有许多人遇见合意的事物便忻然愿往，但一触困难便即时退避三舍，脱卸责任唯恐不及，此事为事实上所屡见，无待赘述。道德的果敢，系道德的个人主义之一要素，乃是使人能负担责任之骨子。

五、现时学校之情况

总之，个人主义系一复合名词，其中有优劣两方面。我们不可仅以金钱主义与卑劣的科学精神而罪西方之个人主义，当搜索其中所有真理，分别其优点与劣点。有些足以为社会进步之泉源者当设法奖进之，其足为社会的纷乱之泉源者当抑制之，始为得体。

现专就个人主义之应用于学校时言之。学校中有一缺点即偏重增加个人自利之动机地方太多，而于个人与学校社会之关系太轻忽。学校中多以个人相互间的竞争，为促起学生学习之动机，故不知不觉中遂养成自私自利的心理。结果各个学生间互相争竞，互相倾轧，要将他人强压下去。此种趋势之存在，适足奖励学生彼此间之妒忌、怨恨、嫌猜，养成一种反社会的、非协作的生活习惯。正如中国政界官吏之因竞求升迁一般，以排斥他人为自己升迁之方法。

此中最大的弊病即是令各个人间没有交换经验之机会；一方面对于个性之启发过度，同时即为培养社会的协作的生活之失败。

六、学校管理与自由

前节言学校中以个人主义为学习之动机之不当，但是个人主义实有其价值。学校之教授上有时必须着重个人的观察与研究，不可过于靠着书本说明，压制学生的自由思想。否则所教授之材料虽系真理，但对于学生之影响，不过与留声机一般，不能引起智能的活动。

现就自由略为讨论：所谓自由系指一种心理的态度，独立的心灵活动（Independent Mental Ability）。真正的自由有以后数特质：

1. 非纯然冲动的或感情的活动；

2. 非身体之无限制的活动；一定分量之身体活动于得着智能的自由自是必需的，但不能即以之为其目的；

3. 非擅自主张一种理论（Not assuming authority over theories）。

在一般小学校中，教授时多系给生徒以一册教科书，由教师指挥监视学生诵习，学生被教师威权所束缚，完全失其自由。此等情形现已受教育家之严重的批评；于是有些人误会今日所必需之改革为威权之转移（Transfer of Authority），即由教师方面将权力移交学生方面，即为自由之真义。其实此仅为消极的不加限制，实系错误的观念。学校中所谓自由，当着重其积极的元素，如探究、观察、试验、自由讨论等，皆是使学生负责任之较大的机会。

自由何故是必需的？道德上的辩护理由谓：非有自由，个人不能选择自己的行动方法，即不能令其负责任。若多数人不能负责任，则此责任将归之于少数人，结果造成阶级制度。学校中一切自由若均在教职员方面，由教职员制定校规而强学生守服从责任，学生之责任心一定非常薄弱，意中以为此等规则是为教职员的利益而定，非为全体学生而设，即违背时，蒙其损失者为教职员方面，非学生自身。此等规则之效力一定不能持久。

欲养成学生之负责任能力，须于校务之进行上让学生有一部分的贡献，如学生自治会，使学生觉得自己的责任。

但在守旧的学校中，其所充溢之空气皆趋于启发学生之不负责任心（Ill-responsibility）。教师时时守望，保持秩序，命令学生为种种动作，如是学生既无自由之余地，如何能培养其责任心？

七、创作力与自由

除以前已讨论外，尚有一点应附带说明者，即创作力。《明日之学校》一书上（该书第十章，蒙台梭利氏之论自由[①]）有较为具体的实例。通常

---

① 此处有误，《明日之学校》的第十章应是从实业入手的教育，而不是蒙台梭利氏之论自由。

每以为创作力系少数天才所独具,其实不然。创作力乃是全体各个生徒所同具,非属少数人之天才。

所谓创作力以产品或以人的态度为测度标准其间有极大的区别。严格言之,没有一人能够产出一个完全创作的物件,但若不以工作的产品而以人的态度为测度器,则各个人均是具有创作力的;只要不是直接抄袭他人之动作,均可谓之创作。如水之化气,此事实久已为多数人所共见共知,然若有一儿童从壶中烹水看出有水蒸气从内发出,此事实对于此儿童便是原始的、创发的。因为此事实对于此儿童是新的而且有特别的兴趣。

一个人必须有工艺的天才,方能产出美术的作品;但美术的作品较之儿童之以自己心思制造一简单玩具,均同为一种创作力,根本上并无差异。凡教育上欲启发儿童之能力至于极点,均当注意创作力之发展方面。创作力不是少数天才者所独具,只要给与学生以适量的自由,均可将它发展出来。

第二十六章 职业教育

一、职业之意义

英文 Vocation 一字，原出于拉丁文，语根为 Vocal（直译为 Voice，呼声之意）。起初看来似乎职业与 Vocal 两词中间并无何等关系，但如英文上 Calling, Profession 两字皆用以指某种职业，而同时又有呼召与宣示之意，如教师、医生、商贾通常均称之为一种 Calling。所以照字面解释之，职业即是个人被社会所呼召或请求而终身担承之事。此字没有作业（Occupation）广泛，但比实业（Industry）所包较广。职业一字其中含有指示一个人一生当有职业之理由。

人类之被呼召到某种职业系由于后述两势力或条件：

1. 个人的适任、才量、习惯（Aptitudes, Capacities, Habits）。
2. 社会的需要与情态（Social Needs and Conditions）。

详言之，所谓适当的职业者，其职业自身须适合个人之能力嗜好，同时并有社会的要需。否则此个人之终身事业即为不良的措置（Bad Adjustment），俗语所谓将圆的球放在方的孔中，如何能不龃龉？

由此可见，教育应当帮助学生发现其特殊的能力与嗜好，庶几使其所从事之职业即为其所爱好的与所能的。此层之重要极易看出，良好的医生与美术家非全然靠着训练，往往需要有某种天然的才量为之基；反之有许多人虽有最好的机会，但无其才量，仍不能成为良好的医生或美术家。凡一种职业之存立必有其社会的用途，因为人类每发生病症，所以才要求某人专门研究医术；因为社会需要美术品，所以才有人专门从事美术品之制作。

职业一字既包含个人能力与社会要需两方面之要素，故进一步研究之，此字可代表个人与社会关系之调和。个人一方面可由此寻获最大的快乐与成功，不仅是物质的且供给心灵的满足，他方面社会又从各个人得着最多的贡献。一种事物为社会最需要者即是最好的。职业教育乃是要为社会寻得最适当的人，将社会最需要的事做成。前言社会效率说以个人为替社会服务之工具；但此工具之效率如何，则全系于个人之适任、才量与习惯。一个人对于一事最乐意最适任，即能给他以最大的满足，将此事做得最好。

至于强迫的工作，则与此正相反背，其主要原因即是因为他们是受命令去工作，非自己的能力与嗜好所近。由此可知，奴隶的工作实在不是有利的或经济的。对于奴隶除供给衣食外不给佣资，表面上似乎颇便宜；但是历史说奴隶劳工每多缺乏效率，常虚掷时间与精力。美国南方从前用尼格罗人种植棉花及蔗糖，但曾有人谓此种计划虽在南北美战争前已经失败，因为奴隶工作不是最经济的方法，他们对于工作毫无兴趣，非有威力驱迫，即不肯努力前进。

此同一原理亦可应用于仆役劳工或一般工厂中所雇佣之工人上。彼等虽非如法律上的奴隶之受逼迫，但究非出于自己兴趣之鼓动，其工作动机完全由于生活需要之逼迫。故一般工厂多不能得工人之最大效率之工作。

今日亟需之改革，即在教育上当注意给个人充分自由，使适得所爱好适任之职业，如是方能造就最有效率的职工。吾人若将通常工人与有兴趣于其工作之艺术家，聚精会神于试验室工作之科学家，专务医药之医生，乃至逐什一之商人相比较，则如后所列举者皆系为自己而工作，其对于工作之呼召是从内部来的，故无需外来势力之逼迫，而通常工人则正与此相反。

以上系阐明真正的职业与奴隶劳工不同之点。真正的职业有两要件：一方面为个人之能力与嗜好，他方面为社会的需求之满足；所谓善为选择之职业，于致个人与社会中间之和谐上为其他一切事物所不能几及。

二、职业教育与实业教育

由前所述，可见教育之最大任务即是考验个人之能力，发现其所有之优点与劣点，察其适于何项职业，然后从而发展之训练之，俾适合于某种职业。

但有一点应注意者即职业的教育之意义较之实业的教育（Industrial Education）要广博得多。通常每将此两词用作同义异音之字；在平常用法上虽无妨害，但在教育原理上却不可不加以辨明。

职业教育所包甚广，列举如后，由此则与实业教育不同之点自然显出：

1. 专门（Professional）教育，及实业教育。

2. 公民教育（Civic Education），即训练个人成为能在政治社会中尽其相当的任务之公民。

3. 家事教育（Domestic Education or Preparation）。即为父母者所需要之训练，为家庭中之一要务，非限于特别事业。

4. 副业（Avocation）或娱养（Recreational）教育，通常每谓某人之职业为银行，而副业为着棋游戏、搜集古书或旅行。人是社会的生物，不能不与他人有友谊的联络；又一人劳动之后尤不可无相当的娱乐以消遣其闲暇（前第二十二章）而救济其常务的工作之劳困。

职业教育之真正意义，兼包括前述四项：一个完全的生活必须具备四者，不过个人在社会上之地位与称号多从其主要的职业而已。

由此可知，职业教育比实业教育广博，更不用说比实业训练广博了。故职业教育并非仅教人营利的教育，而乃使人能在社会的关系上尽其最多的任务。泛言之，职业教育径可称之为社会的教育（Social Education），因为它是安置各个人在社会上之关系之教育。

前所列举之四项，乃是个人之社会的关系之四方面，四者彼此间是互相依附的。实业教育使个人能自给并供给同类，固属社会关系上之一要紧部分，但是职业教育之所注意当更广于此：要担负训练个人政治能力之责任，顾及家庭之责任关系，又当令人善用闲暇为娱养性情之高尚的娱乐，可见公民教育、家事教育、娱养教育之重要亦甚显然。实业教育仅为职业教育之一部分；与职业教育相反者为以博学广闻（Scholarship and Learning）本体即为目的之教育。

三、现今职业教育之错误

近来职业教育问题，成为世界的问题，各国皆竞注意之，兹批评其常见的数种错误如下：

1. **范围太狭隘**（Too Narrow in Scope and Extent）：即现时之职业教育每专注重实业教育一方面，专门训练人去赚钱，而忘却其他各方面。

2. **性质太专门**（Too Specialized in Nature）：专门与狭隘是相关联的，其目的太注重技能，而不注意智慧之充足的发展。例如，一个人欲为医生，所受之训练仅为医生所要知的解剖施治之手术，而不给之以一般的训练，如医药之科学的基础，其施治时措置必有不当之处；欧战[①]时有些战区医生只知手臂等肢体受重伤当切断之，以为系唯一的医术，其实往往并非必要。又如一个人专门研究管理一班学生之方法而不研究其他各方面，亦必归于失败。

3. **教授太早**（Too Early in Life）：即开始职业训练时，生徒之年龄嫌太幼稚，以致将学校中之职业教育弄成因袭的学徒制一般。儿童自早年即为一职业所束缚；在未教授职业之前，不曾给他们以一般的教育为之始基，并竭力发现其真实的需要与才能所在，从幼年起，即欲使得一种行业之能力。由此职业教育成为特殊的实业训练，往往使人终身困于所不适任之职业。

---

① 欧战，即第一次世界大战。

四、本章与前四章之联络

本章主旨系集合以前数章（第二十二章至第二十五章）所讨论之各种哲学的理论总括下一个论断。初看起来，似乎前五章所讨论之哲学的争论，是完全属于遥远的、一般的理论，而职业教育则是属于实际的与具体的问题，两者之间似有极大的罅隙。但是试进一步研究，而探索关于劳动与闲暇、理论与实际、身与心、心灵的状态与世界，其中根本的思想之所归属，即为职业的教育与文化的教育（Cultural Education）之争论。在遗传的习俗上，广博的文化是联络于闲暇，纯然玄想的知识及不涉及用身体机关之精神的活动者；至于职业则正属于别一方面，系与劳动、实用的知识、身体机关之活动相连的。

由此可知，本章并非独立的标题，而乃由以前四章所得之结论。

五、职业教育上之数个根本观念

本章所讨论者又为本书以前各章中所有理论之括论或复习，今就前述之概念加以阐明。

教育上之有两个根本的观念：第一，教育之自然的基础，即个人之本能与才量；第二，教育之最后的目的，即是社会的目的、用途或价值。发现各个人之特长合于何事业，训练之使能为社会服务，亦即为职业教育之根本观念。兹将其分述如后：

第一，着重活动、游戏及表出（Expression）。最近时的教育理想所谓"为活动及依活动之教育"（Education is for activity and is also by activity）。即谓使人由做事而得着所需的教育，如以戏剧表演、做工、游戏等为教育之方法。

第二，具有动机与宗旨：各种作业最易引起人的动的兴趣，兴趣即是鼓动人向一个远距目的进行之动机。职业教育最能给人以动机。吾人常见职业学校之学生较之普通学校学生对于功课往往兴趣较为浓厚，即是因为他们看出其中之用途与必需，明知非熟谙所教授之材料，便不能达到所期之目的。此种心理最能刺激学生对于工作之兴趣，培养此种兴趣之方法即是设法令学生觉得自己需要与其学科之联络。

第三，科学之重要：科学包括思想之方法与教材之知识，此于职业教育上最为重要，因其为防备职业教育成为太专门、太限制的教育之方法，使其不致成为职工教育。教授时不惟授与某种技能，且得着足以影响生活之根本的科学知识。15 年前（1906 年左右）之医学校多是趋重训练生徒实施医术之技能，但是于医药所由建筑之根本的科学，则极为轻视；现时已大为改革，总先给之以广博的科学知识。由此科学在职业教育上愈为重要。

第四，理论与实际之联络：良好的职业学校并非仅训练各个生徒成为精神的工人，且要使之有应用理论于实际之能力。关于理论与实际之联络，在职业学校中最易显出，此项无待详述。

第五，社会的改造：教育上有一要点即教育对于社会改进或改造之关系；教育之用，不可仅为使个人适于事物之现状，或适应一个静的社会（Static Society），并当促进提高社会生活，使个人适应于动的社会（Dynamic Society）。

此点比前述四项较为费解，但若以完善的职业教育与不具的职业教育相对照，便可明了。例如，学徒制之职业教授，即完全出于仿拟及抄袭；师徒相传，罕能越出畦径，新创作与新产物仅偶尔一见。完善的职业教育，则将科学的知识与职业之实际需要相联络，于获得技能外，更注重个人之心理的态度，故有改进之可能。可见，新职业教育常趋向改进，而学徒制则结果为保守，是为社会改进之一关键。

六、职业教育上之问题

前节第五项已略述职业与社会改造之关系，兹再将此点略为扩张说明：

职业教育在中国教育上已经成为一重要问题；但欲得着一个完全的职

业教育，须力避下述两者：

1. 仅仅保持旧的；
2. 完全抄袭外国之理论及实际。

在职业上完全保持旧的固然不好，即是完全抄袭他国之理论与实际，亦要发生弊端。如中国现在有许多人在西方受专门训练，如熔铁、造船、土木工程、机械等等；西方之方法自然与中国现时简陋方法有许多差异，现今要设法改良，不仅在不继续旧法，且要以适当的事物代替之。着手改良时非仅恃抄袭西方成法所能奏效，因为如美国之用汽机耕种，固然是极进步的农业方法，但在中国现时却绝对不能采用，若农业学校中本之教授农业，结果将造成一无所用之人物。所以凡欲规定职业教育者，须先考察现时职业之方法及其状况，看现时之根本需要何在，然后利用新科学逐渐改造现状，如是自不致有学非所用之失。

西方职业教育上有一危险，即在某时代有些人利用职业教育为保持现时经济社会状况之方法，由此养成并保持资本家与劳动者之阶级，实为一个不幸的现象。欲改良此状况，还须由教育下手。一个伟大将来的教育计划，应当以经济改造（Economic Reorganization）为其主要目的之一，于中设法铲除此等不自然的现象，若不将此观念采用到职业教育上恐不能达到解决本问题之目的。

中国现时工业未发达，资本阶级势力未厚，但是现今方极力模仿西方工业制度，将来难保不发生此种阶级，故现时职业教育上有一最大问题，即是如何采用西洋新工业方法而不致同时将资本制之流弊一同带来？换言之，即如何方能得资本主义之利而无其弊？盖大规模之工业制度一经采用，则现时手艺工人即不得不为所吸收，心身之自由受其限制，结果造成贫富悬隔之劳动者与资本家。可见此问题乃现时教育家当以全力对付者。若是没有西方之过去的经验，则大规模工业制度所要发生之结果自不易防；现时则有西方经过之实例，大可供参考借镜之用，预为设法防止，自能事半功倍。

须知仅靠扰乱与直接行动，终不能救济现时经济社会之罪恶；一般人能力知识缺乏，终不足与成大事。英国人 Bredford 费数月时间在劳农俄国，他的意见以为俄国今日所亟需者乃是教育之扩张与改进。只有经由教育的发展，然后政治的及其他变更方能持久巩固；否则多数平民对于新改革还要敌视他，甚至再起一革命将他推翻。只有教育能将智慧传布一般人间，使合于新生活。所令人觉有缺憾者即以教育为社会改造之方法，系一迟缓的程序，每令人觉得不耐烦、不及等待、欲出之以迅速的方法，遂致发生革命；殊不知除非一般人的心中已有充分的准备，一切运动总要归于失败之一途。我们欲彻底改造社会，首先当将教育做到愈益平民主义的地位，因为革命之影响所及者仅外层而已。

第二十七章　教育哲学

一、全书之纲领

本书以前各章虽间或论及哲学的理论，但始终未将哲学之性质及意义特别说明。本章系综合全书之根本思想，给读者以一明白概念。在讨论教育哲学性质以前，先将以前各章所讨论之标题总合起来，于了解后面之说明，或有所裨益。全书共分为三大部分：

第一部　教育之性质为社会的历程、复新及递传（第一章至第十五章）：本书最初论教育与生活，教育与环境，教育即生长数章，均系以教育为保持个人的与社会的生活之手段；人类与下等动物之分全系出于教育之可能性。

教育又系受社会环境之影响的，社会上之根本的差异情形，常影响教育之理论与实际。有时教育受制于因袭的风俗习惯，其目的仅在保存或复现过去的生活情况，此种社会必然成为静止的；但有时其目的不仅在复现往古，而在改造经验，则此种教育即为进步的，其社会亦必然为进步的。

第二部　教育之历程为经验之继续的改造：所谓经验之继续改造者，即是时时给与经验以一般社会的价值与意义，并给个人以主宰经验之较大的能力与智慧。教育历程之内容包含：

1. 方法：即是主持处理经验之能力（第十六章）。
2. 教材：即是有社会的价值与意义之经验之所寄藏；包含游戏与工

作，地理与历史，理科等（第十七章至二十章）。

第三部　教育上之哲学的势力（第二十一章至第二十六章，及本章与下章）：所讨论者为妨碍或限制前述原理之实现之理论与实际。此点在以前数章中仅论其梗概，因其多系直接关于西方的思想与社会的情况者，于我国教育上关系较浅。

教育与哲学所集合之中心的概念或理论为智慧或知识之性质（The nature of intelligence and of knowledge）。关于智慧或知识之性质，在教育上向来有一种最有势力的观念；此观念将知识与实际的活动相分离，或说是知识与感觉、身体机关、筋肉运动之分离；进一步解之，即指知识与社会的用途及适应上之分离。

此观念实在是错误的，前已略为论过。从前人有一谬见，以为心灵及纯理的知识系人类的特质，此种知识之获得不必借感觉或身体之活动。本书则否认此说，认智慧为改组经验之能力，其动作须依附社会的与自然的环境，是为实验主义（Pragmatism）之根本观念。此主义认"知"与"行"是相连的，而改变环境之动作又是获得知识之主要的方法。至于何故承受这种主义待下章说明。

二、哲学与教育之关系

教育与哲学之关系极为密切。质言之，全部的哲学间接皆系教育的理论，或教育之根本的原理。哲学何以能发生？其主要原因即是因为人类有各种关于生活之观念，与实现其所抱生活观念之方法。何者为实现生活之最合宜的方法，乃是哲学上之主要问题，亦即为教育上之主要问题。

但是稍为专门研究一下，即要发现哲学上各人所下之定义各不相同，其所着重之特点亦各异。兹就最普通的定义言之：有人谓哲学之目的在于一个包罗万象的知识（Comprehensive Knowledge），即是将一切知识均行概括起来，组成一个有统系的完全体（Completeness）。依此见解，则哲学之特质为：

1. 一般的、广涵的；

2. 全体的、完备的；

3. 最后的、深浚的。

关于此点有两种解释，若照第一种解释，教育与哲学两者便无何等联络；但若照第二种解释，便可看出两者显然有密切的关系。兹将此两种解释分别述之：

第一，谓哲学与科学比较起来，则哲学所论者是较为最后的；科学只触及表面的现象，而不问外层以下之事物，故科学的知识每系不可靠的、欺人的。例如，物理学、化学及数学虽各有独到之处，但终不及哲学上的原理之深奥；最后的实在体（Ultimate Reality）不能由平常的科学得之。照此解释则哲学几于成为一种无所不包、无所不知、超过一切而不与日常生活相接触之虚骄夸大的物体；如此便与日常生活所必需之教育不能发生何等关系。

第二，前曾谓教育即是生长，生长之表现为一定惯性之养成（参看第三章）。通常所谓习惯多指关于表面的或近于表面的；但亦有数种习惯则入人较深，甚至到了个人自己所不能制驭之程度。此种足以操制个人之习惯与仅属表面的或外部的习惯显然不同。例如，关于衣食之习惯：西人衣服短而窄，华人衣服博而长；西方食用刀叉，华人用箸，此等习惯为吾人所习见而不以为怪者，即随意更改之亦无害于个人之品性或人格，因为此等习惯仅系关于表面的。

但是，此外尚有各种习惯，系与人类之根本的生活相连者，例如中国人对于国家家庭之观念，其与西方之差异正如衣服饮食之方式一般；但较之更为深进一层，又此种习惯常与他种习惯互相联络，欲变更之，非仅变更其一部分所可见效，必须兼顾到其他各方面。此种内部的习惯或心的习惯虽非如饮食衣服之表见于外，但实在足以操持个人及社会的生活。

由此可知，所谓哲学之理论为"最后的"者，可解为此种理论系关于深进一层的习惯，而能给人以态度者。哲学上所论者即为个人对于外物所为之反应，或所持之态度。我们从此便可发现哲学与教育之关系；教育为形成个人某种态度之方法，哲学即为关于此种态度之理论。换言之，哲学乃是重要的与根本的习惯之理论，而教育则为去实现此等最好的习惯之方法。(Philosophy is the theory of important, fundamental habit, education is the way to realize the best habit.)

总之，吾人若视哲学为关于生活之最好的、根本的习惯之理论，而除去夸张虚浮的数点，则哲学与教育之关系自然显出。由此教育可以成为哲学上所提出之习惯之产出之手段或机关。(Education will be a means or agency by which those habits recommended by philosophy can be produced.) 例如，科学上悬拟一个完备的美术家，教育之任务即是如何去实现出来。

三、哲学与科学之关系

哲学与科学之关系如何？科学是与教材方面相连的，例如关于动植物之生长构造之知识即为植物学与动物学；关于现在人类在地面上之生活状况及过去人类之活动之知识即为地理与历史。可见，供给教材者为科学而非哲学。若是有人欲求数学知识即当去习数学，若欲知一切物质之分析化合即当去研究化学，欲知生物之进化即当去研究生物学，欲知财货之生产、消费、分配诸现象及其原理即当去研究经济学。此外，如天文学、地质学皆是构成教材之一部分者，皆是属于科学的范围。因此，有人主张我们所有一切知识均可归纳于科学中之一枝干内；各种知识既已为科学所纲罗无遗，似乎哲学已无复存立之余地。当心理学未成为科学之前，哲学上论及人类天性者占重要部分，但在现时心理学已经分立成为一种科学，以前哲学上所讨论之人性问题均可纳之于心理学中。可见，科学已经包举全世界，人类唯有伏处于科学之下而已，更无哲学势力存立之所。

以上云云，系反对哲学者所主张，其理由似是而实非。若是哲学亦是关于教材者，则哲学与科学自是竞争者，它也当有一定的地域与材料，然后方能与科学相竞争；且科学上之事实较哲学为精确，于此哲学或者将处于失败地位。虽然，哲学实在并非关于教材者，并不必如科学之须占有一定领域，所以也无从与科学发生争端。哲学上所论者，如前所述，为人类对于世界所为之反对或所持之态度。各种科学虽已各分据知识之领域之各部分，但此外仍一部分遗置在外。虽使一切知识均已包罗于科学以内，此外仍有许多亟待解决之问题：人类既是智能的动物自当有其目的，此目的当何在？人类各有其理想，如何方可使之实现？关于生物学、化学等知识须如何利用之以实现吾人所持之目的或改良生活？科学仅立于第三人地位陈述事物之真相，并未示人以当如何利用之以达到所期之目的。欲解决以上诸问题，非有哲学不可。

又人类对于世事有乐观与悲观两派，此问题并不能由科学解决之，因其非科学之所措意。心理学告诉我们许多关于心的现象，但是心理学本体并未告诉人如何去利用之以改进教育及工业。可见，一方面须有科学以供给知识之材料，同时尤须有哲学以估值吾人所称为科学上之事实之价值，以决定所应取之行动（对于科学之反动），所以两者并非竞争者，实为相辅者。我们当永永有此两者并峙。

四、哲学之特质

还有关于理论方面之一点，有许多人非难哲学，因为哲学上有许多问题，如一元论与两元论，唯心论与唯物论等等，已历数千百年，迄今犹悬而未决。又对于同一问题，往往有相反的理论，不如科学之真实不变。虽然，严格言之，科学上之原理与事实亦非一成不变者；各科学之进步今犹在日新月异中，所不同者科学中之趋向系渐即解决之一途，而在哲学上则有三千年前希腊人所提出之问题，至今仍如三千年前一般，尚无解决方法。

但是，我们若是认定哲学为关于人类最根本的习惯之理论，及对于外界依自己的意旨为相当反动之事，则此等情态即无足诧异了。假使东方的习惯与西方的习惯，古时的习尚与现代的习尚，皆恰恰相合，那么他们的哲学思想自然也可以恰合；但事实上姑不论东方与西方，古代与现今有很大的差异，即同一地方同一时代，因个人生活状况之异，亦往往有极大的差别。人类生活至现今愈形复杂，而所谓哲学理想者又皆系生活观念之反射，则哲学理论之分歧自无足怪。生于安乐之富豪与终年劳苦之工人，行踪遍世界之行贾与困守家园之农夫，其生活既不同，其人生观自然亦随之而不同。

现时哲学上有许多问题，似乎已经完全解决了，但是有些人以同等的勤恳、诚实而另以他法解决之，所得结果往往大异。但是，我们并不能以此为哲学之过失或缺点，正如我们不能因为生活本体是变迁不居的（因为境况是常变的）而责备之一般。且此等问题亦非仅由哲学研究所能解决。哲学上陈述许多互相争长的意见，愈多愈好，使各个人自己从中寻出一个真实的世界，使学者对于生活境况有测度之力量与智慧，组成自己的哲学，不致盲从他人，或无所适从。

罗素先生有一次在北京演说谓在东方似乎还有些人依然日日盼望有一位圣人降临，来指示他们一切的行动；可惜今后之世界将永无一个具有完全智慧之圣人能以指示人去做一切事云云。其意盖谓世界上实无人能够告诉我们何者为最后的真理；若是有这样一个人，此人自己即先为愚而好自用者，因为他妄行主张人智所不能穷之真理；又信他人之所信自不知思虑者，亦是至愚者。

我们无论对于何种理论，均不可径以之为最后的，最初仅可视之为可供实际的用途之指导之用者。所谓真理，非由高谈理想所能获得；须由应用此理论于实际上观其是否能发生所欲之结果，然后方能定其价值。人人应当慨然将他的哲学公之社会，受社会的考验，观其效力如何。凡未做到此步者，我们说此理论仅为一种假设，有试验之价值，当设法试之于实际的应用。

以上所述为实验主义之见解，但于此须毋误解者，吾人之意仅谓此种主义有讨论与试用之价值，并非以之为最后的真理，强迫他人承受。此主义所以值得承受为行动之基本者（为教育的与社会的试验之基本），后章还要说明。总之，无论承受何种理论，最先皆当设法将其应用到实际上去（为行动之基本），观其所发生之效果如何。教育机关为各种哲学之社会的试验之最好的场所，因为学校中一切情况比较实业中、政治中简单，容易操纵。

第二十八章　知识论与道德论

本篇所主张之中心的概念，以智慧及知识系与活动相衔接的，所以也是与社会的用途相衔接的，前已略言之。此种哲学与彼主张智识与社会或活动相分离之哲学相反。后者在哲学上称为两元论，而前者则称为连续论（Continuity），主张知识与活动，自然与人等等均是相连的，不能划一道鸿沟或筑一垛高墙将它们隔开。用一例子说明，它们彼此间之关系，恰如一本书上之字句段落彼此间之关系一般，欲明白各句各段之意义，须参照上下文句之关系。如只说一个火字时，其含义究竟为何，颇难决定，因此一"火"字可指失火之危险，亦可指生火以御寒。可见，一字之意义须倚赖其所与联络之事物之关系而定；推之于其他一切事物之意义皆然，其所与联络之事物愈多，则其意义亦愈丰富。此为本篇之根本的哲学观念，兹将其分别应用于知识论与道德论。

一、知识论

知识之性质已于前章述之，兹专说明采取连续论于知识论之理由如后：

第一，凡属知须于神经系统上有其物质的基础；所谓心灵的活动处处依赖身体机关之活动。就生理方面说，神经系统为调和生活各种机能之机关，使环境刺激与对之所起反应起调协作用，且有了第一次反应后更能决定后来所起之刺激。凡一切衔接的活动（如木工制造一器具时）其第一次之运动反应与第二次之感官刺激皆须互相适合，前后衔接；其所以能保持之者，则由于大脑；大脑之作用即是继续改组活动，以保持其中之连续性。

第二，由全部生物学的与心理学的演进之程序上，亦可证明知识与活动有连续的关系。人类智慧之发达，远非其余下等动物所可几及，似乎人类乃是一种超越的独立的动物。但是生物的科学告知我们，人类与下等动物中间实在有连续性的。宇宙间只有单一的生命历程，全体生命皆是出于一源，前后衔接的。心灵既须有其生理的基础，则于生命发展中，自不能超然独立。

生物之各种机能均是逐渐向分工的方面发展，渐趋专门与复杂；心灵亦是如此，自简单渐趋复杂。有机体之构造，在其初步的发展上，其与环境适应之关系显然易见。但当其活动渐趋复杂时，智慧要素之重要与之俱增，此种关系（与环境适应之关系）逐渐不易看出，于是生出旁观者的知识论。

旧的知识论所以有旁观者（Spectator）之见解者，乃是因其视心灵如照相机之一镜子，知识犹如物体。用具体的例子说，识字时心之作用，只是如镜子之将字形反射到镜中，留下印象，于是知识即发生。此说如确，则教育上主要的事即是极力之所能，将各种事实识见积累起来，此等积累物即是知识。

但是有机体发展论，系以生物为世界之一部分，与之共变迁与命运。生物在世界中所以能得安全生活者，乃是因为它能使己身适应于其四围的物件，且能预定现时行动在将来所发生之结果，乃因之以范围自己的活动，知识之功用实在于此。人类既是参与世界活动者，当然须有相当知识，方能顺应世界状况。知识自然是个人不可分离的一部分。

第三，科学上试验方法之兴起，亦为赞助此说之一有力理由。所谓科学的试验者，不是乱杂无章的乃是秩然有序的动作，将所暂拟的计划或观念应用到实在的境况上，看它发生何种变化。试分析之，共含三种要素：（1）要有动作；（2）要变更情况；（3）要依一定计划。三者在试验方法上皆极重要，必如是方能得着可靠的知识。

固然我们根据纯然的辩论，也可以造成一个思想统系，外观也可以弄成极完美的，是即所谓纯理主义的方法。此种方法虽然可以引领人得着一个完全的有系统的知识，但其趋势为造成一个系统，强他人去承受信仰，不免阻碍智能的发展。

最新的知识论，不是要强人承受一种现成的观念，而要人自己去做试验工夫，改变实际的境况，观其所发生之结果如何。例如，用一滴硫酸放在铜上观其发生何种结果，或将一块铁浸入水中，看数日后发生何种变化。此为最简单的试验方法，但推之一切最高等的科学试验方法，亦不外此理。

我们可以说：一人若非经由改变社会的或自然界的情况，观其发生何种变更之方法，不能获得真实的知识。此事实于变更知识之观念上最有势力，因其显然表出知识与行动中间之联络。

第四，从社会的生活方面观之，亦可见实验主义之价值。现今社会组织愈趋复杂，我们在此纷乱之状态中须有选择与决定行为之方针。现时社会的国家的生活非常不稳固，于此利用知识从纷扰中得着智慧的指导，最为迫切。

从前以为行动与思想或知识是分离的，所谓知识阶级者，其所有知识，多系以知识为知识而获得，而未尝将其与社会的情况联络起来。所以，此等人充其量所知者只是旧时的观念，于社会上新发生之势力完全不知，对于现时的情况仍想用旧法来对付他，以致引起许多纠纷。中国现时社会之纷乱即由于此。实在全世界现状均是如此的，因为社会上新事物、新元素之发生，每较一般人的智慧之发达更为快捷。现状已经大变，而一般守旧的政治家熏陶于旧观念之中，不能见及，仍欲以旧法对付目前之势力，其足致扰乱或归于失败，自属当然之事。

由此可见，教育之给个人以知识及智慧，其目的乃使之能随时因情境之变迁，而变更自己的观念或思想以适应之。否则社会进行到某地位时必致发生崩溃之不幸的现象。故现时所亟需者乃是在教育上设法产出此种能力——随时长进之能力——俾能随时应付不穷，能以解决目前所有问题。若不此之图，当社会在危机一发之际，欲拿出古昔的余物以为防制之具，实为最愚的举动。

总之，本编所主张之知识论可以称为实验主义的。其要点系认知识与专以改变环境为目的之活动中间有连续性，以为知识即包含于我们所有智能的应变才力中。只有那些已经组织于吾人惯性中，能使环境适应于人类的需要，且能使人类的目的与欲望适应于其所住居之境况中者，方是真正的知识。

以上系实验主义的方法，兹附带略论纯理主义的（Rationalistic）与感觉主义的（Sensationalistic）方法如下：

纯理主义的方法即是演绎法，谓学习时学科之自身即为目的，知识自身之组织是完备的。故其所注意者为定义、括论、规则、原理等，将其弄成一个逻辑的次第与分类。知识之次序与整理自然是重要的，但有一弊，即由此便将教材弄成学者的性质，与生活相隔绝，以专门的教材自身为目的。

感觉主义的方法，即是归纳法。前者注重共相，此则着重分相，以物体与感官之直接的接触为其主要方法。此法自然有其价值，因其着重与实物之接触，足以防止知识成为理论的、抽象的，而使之成为具体的。但亦有缺点，因其将感觉与知识之用途隔开，过于注重受动的吸收印象方面。

试举一例，教授上讲到粉笔时，以实物指示儿童俾得一正确观念，然后加以说明，自然要比孤绝的口授的方法好；然若不善教授，则儿童之所得者，将仅为无意的、零片的感觉，如颜色、大小、粗滑、重量等。又如教授植物学时，将标本给学生看，自然比教科书之说明好些，然标本究竟是死的物件，每致将学者之经验限制于目前的事物，不能给之以广博的见解。于此最好的方法，即是让学生种植一粒种子于地中，观其发芽、生长、开花、结实；更设法利用儿童之想像，俾明了其社会的意义或关系。

前例之后段，含有纯理主义的方法与感觉主义的方法之和谐。两法虽以若相反，其实两者实有互相补充的关系；前者注重事物之关系，后者注意各个事实。实验主义的方法中兼含有此两方法之元素。

二、道德论

本章讨论之主旨共分四层，分述如后：

第一，道德上之一种个人主义，前已述及，如基督教与佛教中之一派，其主要目的为拯救个人的品性之堕落。其方法为尽力之所能，退避于现社会以外，不与同类相接触。因为他们以为当时社会太腐败，太堕落，沾染之足以令人品性败坏，同流合污。自然，此种观念大概系由于社会现状上之种种罪恶、不安，致令人发生愤世嫉俗之观念，因此以为欲保持品性之纯洁，须与世界相隔离。照此主张，养成道德品性之最普通的方法，即是令人常保持一种孤独的、无思虑的、天真烂漫的生活。

例如，关于两性的道德，在美国教育者间有各种意见，而以前最为人认为适当的方法即是极力防止青年男女窥见此种知识，所谓讳莫如深，以为如此隔绝便可防止罪恶之发生。但是，结果常归于失败，此等秘密终不免被他们窥破，父母与教师既不肯用直接的方法将性的关系用科学解释说明，于是青年人每从而用不道德的、不健康的方法而发觉之。青年人每由此而与堕落的成年人交际，养成牢不可拔的恶习。可见，性的道德之教育，决非可专恃隐秘的方法者；所谓愚民政策，其基础一定不能稳固；即一时或收目前之效，终久亦要溃决的。

西洋有一问题，虽不必尽然，然实常有此倾向，即牧师的儿子，每系特别卑劣的。其原因盖在当其幼年系在一种极端矫作的、不自然的、宗教的空气中教养成立；此种境况与外界社会绝然不同，所以当其加入大社会时，便不能应付目前的情况，一旦骤与新奇的空气相接，安得不措置乖张？

向来妇女之道德之保持方法，即是用隔离手段，设法防止其逾越范围之机会。但是，一旦新情况、新机会当前，此等方法即显出失败。新的训练道德之方法则给之以较大的自由，使之从最初即与社会有较多的接触，借此以发展出来一种积极的道德品性，如是则对于外界情况便可自己从容应付。所谓隔离方法，其有效仅在当社会情况未变更以前，若一旦有新势力发生，旧社会发生变化时，个人方面没有相当的预备，必然至于失败。

第二，义务与兴趣之关系如何？通常多以为从义务或道德律令而行动与从兴趣之驱策而行动，其间有甚大的区别。所谓照道德律令而行，即是不以个人的兴趣萦绕于心之谓。有时，兴趣偏于要做此事，而依我们的义务或道德律令则要求我们做彼事，于是义务与兴趣中间即要发生一种冲突。

但是，无论若何主张，我们总当承认兴趣乃是付与吾人以行为之原动力者；对于一事须先有浓厚的兴趣，然后方能一往直前地做去。姑不论复杂的事业，即如游戏时，欲令各个人之动作彼此适合无间，亦须有兴趣鼓动于后。须知所谓道德的原理或义务，不过是抽象的观念，自身并无鼓起人类行动之力量。苟欲令个人肯一往直前履行其义务，非高谈道德原理所能为力，尤须于原理上附以具体的实质，与感情的元素。

第三，知识与道德之关系如何？我们每见受过高等教育者同时亦为高等的恶徒，而无知识者其行为每反多合于道德。有许多人知悉若干伦理的事实，然实际行为上乃恰大相径庭，系一件常事。如是则所谓知识者不唯不能增进道德，且适足给人以遮掩恶劣之假面具。因此，有人主张现时所亟需者非加增知识之分量而养成与矫正各个人心中之正当的愿望与惯性。西洋有些人（按东方亦然，如老子学说即是）谓教育为一种危险的物件。此说排斥一切知识亦未免过当，本篇则力辩何种知识对于道德可以发生关系。此种能影响道德之知识，第一须非浮泛的，而为能影响吾人生活之知识。就最简单的事言之，一切日常的知识每多能直接影响我们的行为，如知天将雨则预携衣具，染病时便知应服何药，此等知识自是无疑的能影响于吾人的生活。于此又显然可见知识与行为是有密切关系的。

但是，有时所谓知识，其实不过为一种陈旧的无用的识见，并非代表生活之经验者，此等识见既与生活无关，当然不能影响生活行为。还有所谓抽象的知识亦是如此。如化学上谓水为 H_2O 之化合物，此种知识除却在试验室以内，或与其他事物相连接时，则于吾人行为可谓毫无关系。推之教室中教授此类抽象的名词，如诚实、公正、贞操、忠信等，学生只读其音，识其形，而不能将其变转为具体的事物，以为行为之根据，则此等知

识将亦如 H_2O 知识之在孤立的境况中。可见，学校中若只用形式的方法教授伦理学，于品性之养成上，一定难望收良好结果。

以上之批评，并非谓知识是无用的，实因有些并非真实的知识。道德教授亦如其他各科教法，最好是将理论与具体的做事中间联络起来，由此种教授，道德品性于不知不觉中自可成为活动之一部分。至于与做事分离之道德教授，因其与实际无何等联络，恐难影响行为。

第四，教育上所应提倡者为合作抑为自利？此问题极易解决。人类并非完全自利的，排挤他人以求利益者，但是学校中之工作，与教师之教法往往不提倡合作，反而奖励学生之互相争竞，占他人的便宜，其结果往往养成一种竞争私利之习惯，影响及于社会之生活。此点亟待改革，完全的道德教授须注意培养合作之能力。培养合作能力之最好的方法，即是使各个人对于一件共同目的各有一部分之贡献，集合众力以成就一个单独的目的。但同时也须注意各人之创作力充分发展其特长。总之，完全的教育须一方面养成合作的能力，同时并发展各个人之创作力。此外，尤须使各个人间经验有交换之机会，俾得日益进步，造成一个日新月异的社会。